# 空海与断舍离

## 心を洗う断捨離と空海

[日] 山下英子 [日] 永田良一 著
曲冰 译

民主与建设出版社
·北京·

# 推荐序

《断舍离》一书的作者山下英子女士是东京盛和塾的塾生,前几天,她和她的助手冯女士一起,专程来无锡拜访我。与山下女士共著《空海与断舍离》的永田良一博士,也是我的好朋友,他是鹿儿岛继稻盛和夫之后的第二位著名企业家,同时是一家大医院的院长,用质子线治疗癌症的专家。稻盛先生曾经亲自推荐过他的作品。更重要的是:《空海与断舍离》是从整理术开始的

"断舍离"向带有禅意的生活方式升华的一本书,我乐意为这样的著作写推荐序。

在与山下女士的交流中我得知,山下女士受瑜伽启示,从自身及自己周围的环境开始,身体力行"断舍离"。

关于"断舍离",按我粗浅的理解,所谓"断",就是断绝购买不必要东西的冲动;所谓"舍",就是把家里用不到的东西舍弃;所谓"离",就是与过度的欲望保持距离。

从最容易着手的衣服、房间等的整理开始,再进一步思考,总结出一种简约的生活哲学。

在接待山下老师之前，为了获得体验，我赶紧把自己的书架"断舍离"了一下，果断丢弃了大约1/5的书籍，虽有不舍之情，还是坚决割爱。我想，不管做什么，都要尽快付诸实践才有意义。

《断舍离》为什么会在日本引发广泛的关注呢？是不是可以这样解释：日本是一个先富起来的国家，而且是在二战以后迅速富裕起来的。而市场上层出不穷的新产品，以及夺人眼球的宣传广告，不断刺激人们对物品的购买欲望。同时，日本又是一个岛国，国土狭窄，人口密度高，特别是大城市，更是寸土寸金，一般民众的住房面积都不大。记得26年前，我去东京出差，还住过胶囊旅馆。在这样空间小的情况下，物品多的话，就会有压抑感，而经历过物质匮乏的人，又往往不肯轻易抛弃似乎还有用的东西，这种矛盾的心理在人类社会中很普遍。后来,虽然日本民众开始从追求物质的富裕,转向追求精神的满足,但心理上仍然存在种种纠结。在这样一种矛盾的社会背景下,《断舍离》的理念一下子就拨动了人们的心弦。

从身边的物品开始"断舍离",这种容易下手的、改变自己生活方式的手法,以及背后的哲学,也击中了当今中国社会的痛点。中国经济高速发展,富裕人群的数量很快扩大。许多人,特别是年轻人,又特别是年轻女性,他们对于物质的需求依然十分旺盛。然而,人们也逐渐感觉到,物质的富裕很难填补精神的空虚。在这样的心理状态下,"断舍离"理念的到来,我想是适逢其时。

"断舍离"向带有禅意的生活方式升华,对于这一点，我也饶有兴味。日本真言宗的圣地高野山我去过两次，我走过古木森森的"奥之院"，拜谒过供奉着弘法大师空海御尊像的御影堂。但我对密教素无研究。然而，对密教的精髓"即身成佛"这句话我非常喜欢。

包括真言宗在内，许多宗教修行的目的，都是抑制自己过度的利己的欲望。想要摆脱私利私欲的束缚，精神获得解放，我们就可以"用善恶而不用得失"作为基准，对我们在生活和工作中的所有问题做出正确的判断，我们的工作就会顺利，人生就会幸福。

有人说，众生是没有开悟的佛，佛是开悟了的众生。我认为，只要我们果断地对自己过度的私欲来个"断舍离"，把这件事做长久、做彻底，我们就可以事事实践"用善恶而不用得失"这一判断事物的基准。如果养成这种习惯，我们就可以逐步走向开悟的境界，这就是所谓的"即身成佛"。

2019年9月

稻盛和夫（北京）管理顾问有限公司董事长　曹岫云

# 卷首寄语（一）

卷首寄语之感恩告白。

致多年来一直支持我的诸位。致多年来使我的断舍离不断升华、深化的三位男士：

一位是从过去到现在，在冲道瑜伽路上与我并肩走来的前辈导师——龙村修；

一位是从现在到未来，向我传授神道秘典的同岁导师——三枝龙生；

一位是从未来到现在[①]，为我带来崭新能量的年轻同道——自凝心平。

而如今，又一位男士加入我们当中。

不知何时何地，他出现在我的生命里，并与我共同撰写本书。他就是真言密教实践者、社会实业家——永田良一。

以上四位与我杳然凌驾于时空之上，在意识世界里紧密相连。

不仅如此，他们还与 1200 年前的空海有着深厚的缘分。

---

[①] 从未来到现在，指自凝心平先生带给了作者山下英子女士对未来的希望。

也许这些不过是我的"痴心妄想",还望大家海涵。

接下来,请随我一起去空海的密教世界开怀畅游吧!

2017 年　于阴历九月十三日月明之夜

山下英子

# 卷首——寄语（二）

记得初次遇见山下英子女士大约是在2010年。那时，我正好在鹿儿岛县指宿市参与建设最先进的专门治疗癌症病患的质子线治疗中心，并且与因西蒙顿疗法而闻名的川畑伸子女士一起在鹿儿岛市内进行了演讲。众所周知，质子线治疗是一种"副作用较小的高端治癌疗法"。我参与建设的是日本九州地区首家粒子治疗机构。该机构同时还关注精神护理，并协助推广西蒙顿疗法。

据我所知，断舍离是山下英子女士根据自己在瑜伽道场修行的经验提出的一个理念，可以说断舍离是从起源于印度的瑜伽中产生的。而空海的思想（真言密教）也源于印度的佛教，后来经由中国传到日本。因此，二者同根同源，均起源于印度。

在撰写本书期间，我与山下英子女士交流了断舍离与空海真言密教的关系。在此过程中，发现二者具有很多共性，因此我们两人相谈甚欢。

我认为，若能知晓空海的一生，理解真言密教的入门理论，便可在更深刻的层面理解断舍离。也恳请诸位读者一定要去参拜一下高野山的奥之院。时至今日，空海还在那里。在通往奥之院的参道两旁，有着数百年历史的杉树排排耸立，空气中充满凛然肃穆的气息。参道两旁立着许多历史人物的墓碑，行走其间可以亲身领略日本的历史。

那么，就让我们一起乘坐这架"断舍离时光机"穿越时空隧道，回到1200年前那个空海生活过的日本吧！

2017年12月

永田良一

目录

Contents

题　记　001

第一章　空海与断舍离　001
- 堆积在衣柜里的执着心　003
- 降临在高野山上的转机　011
- 对过剩采取"斩断""舍弃""离开"乃当务之急　017
- 初识空海与瑜伽的关系　022

注 024
- 了解原始佛教的宇宙观 030
- "身心一如"和"身与心的交汇点" 034
- 合气道忌"停留" 046
- 是偶然还是必然 058

（参考文献） 063

**舍弃之心**　冲正弘 063

**何谓瑜伽**　龙村修 068

## 第二章　空海的一生 077
- 背负家族期望的空海 079
- 离开大学遁入佛门 082
- 作为遣唐使赴唐 085
- 回到日本 088

- 空海与最澄 090
- 日本真言密教的创立与社会活动 095
- 晚年的空海 098

　　专栏　关于《十住心论》永田良一 100

# 第三章　断舍离的精髓与空海生活方式的真谛 115

**"为何无法舍弃物品"**

　　——来自断舍离的建言 117

**"心若存污秽，环境也混浊"**

　　——来自空海生活方式的建言 120

**"断舍离并非舍弃一切"**

　　——来自断舍离的建言 123

**"不必舍弃欲望与烦恼"**

　　——来自空海生活方式的建言 130

### "向众人传播断舍离之大欲"
——来自断舍离的建言　　　　　　　　　138

### "从小乘佛教,到大乘佛教"
——来自空海生活方式的建言　　　　　142

### "潜入断舍离的更深处"
——来自断舍离的建言　　　　　　　　145

### "密教与断舍离的共性"
——来自空海生活方式的建言　　　　　149

### "不再使用双重否定"
——来自断舍离的建言　　　　　　　　151

### "美好的语言带来美好的人生"
——来自空海生活方式的建言　　　　　155

### "审视关系至关重要"
——来自断舍离的建言　　　　　　　　160

**"萌生一个念头：那该怎么办"**
　　——来自空海生活方式的建言　　　　　　　164

**"从自己实践开始"**
　　——来自断舍离的建言　　　　　　　　　169

**"无欲则无法救人"**
　　——来自空海生活方式的建言　　　　　　172

**"收纳术就像坐跷跷板"**
　　——来自断舍离的建言　　　　　　　　　175

**"断舍离蕴含曼怛罗的力量"**
　　——来自空海生活方式的建言　　　　　　181

**"学会发现机遇"**
　　——来自断舍离的建言　　　　　　　　　188

**"空海在自然中找寻乐趣、磨炼感性"**
　　——来自空海生活方式的建言　　　　　　191

"改变思考维度的重要性"
——来自断舍离的建言　　　　　　　　　198

"俯瞰全局，可消除不安与烦恼"
——来自空海生活方式的建言　　　　　204

"自问自答有助于舍弃物品"
——来自断舍离的建言　　　　　　　　　207

"空海的断舍离——与最澄断交"
——来自空海生活方式的建言　　　　　210

# 卷末寄语　　　　　　　　　　　　　　　213
## 空海著作一览　　　　　　　　　　　217

# 题记

本书中的"空海"是生于774年（宝龟五年）的历史人物，但在本书中的概念更加广泛，还包括历史人物"空海"开创的整个真言宗（真言密教）体系和密教的哲学思想，在某些场合下甚至囊括整个"佛教"体系。

历史人物"空海"开创了真言宗，而真言宗被划分为佛教的一个宗派，这一点毫无疑问。因此，本书考察的对象还包括虽然空海本人并未在著作中直接阐述，但当时已在佛教思想中根深蒂固，而且无疑对空海的思想产生过巨大影响的内容。

在读者产生"这并非空海的思想,而是佛陀的思想"等疑虑之前,请允许我先赘述这一前提。

还望各位理解。

# 第一章

空海与断舍离

欢迎来到断舍离的世界
欢迎进入空海的宇宙观

·山下英子·

## 堆积在衣柜里的执着心

将美好之物置于中心

所见、所闻、所触,

将造就我们自身。

将心仪之物、美好之物,

置于生活的中心吧!

杂乱不堪的生活,

只会让人散漫无度。

立行扫除之举吧!

——《性灵集》

(摘自松永修岳所著《心译·空海箴言》)

我眼前这本手撕日历上写着上面的句子。

这是空海密教的大行满①大阿阇梨——松永修岳先生用通俗易懂的话语解释的空海的教诲，将其作为"拯救现代人的建言"。

空海原著的《性灵集》等著作太过高深，我无法理解其中含义。但上文中的句子映入眼帘时，我不由得心生一种溢于言表的喜悦。

这正是我在日常生活中一直追寻的境界，当然，是通过断舍离做到的。

所谓断舍离，是我将放下执着的行法哲学——"断行""舍行""离行"作为一种原创的自我探索之法落实到了日常整理上。

---

① 大行满，指密教中在灵山修满1000日得到的称号。

学生时代，我在冲道瑜伽道场上幸运地邂逅了"断行""舍行""离行"。

可是当时我才22岁，人生中充满了不确定与不稳定。对尚且年轻的我大讲特讲"执着"，只会让我感到一头雾水。因为那时我的内心充满了想得到一切的物欲、想知道一切的好奇心，虽然不知如何自处，但丝毫没有想过舍弃这些物欲和好奇心。

于是，我选择把"断行""舍行""离行"当作耳旁风。

我决定把佯装不知坚持到底。

放下执着根本就是天方夜谭，而且这究竟有何意义呢？我才不想放下执着，在枯燥无味的世界里度过自己的一生呢！关键是我还想尝尽人间美味呢！

断行？尤其是断食，恕难从命！就这样，我说服了自己。

但是，或许我内心深处早已察觉到：那过剩的执着心、那多余的执着心，终会损耗自己。虽然在表层意识决定佯装不知，但这并非彻底放下执着，而是通过钻进内心这个"壁橱"的深处将其封锁了起来。

终于，我迎来了解除这一幼稚"封印"的日子。那是在我得知"断行""舍行""离行"10年后的某日，冲道瑜伽道场的冲正弘导师溘然长逝，道场为他举行了告别仪式。

那天，我对一同参加导师告别仪式的冲道瑜伽指导员倾诉道：

"什么断行、舍行、离行，什么放下执着，根本做不到嘛！"

或许当时我在寻求共鸣，毕竟能放下执着的人屈指可数。出家修行的僧人姑且不谈，反正我做不到是理所当然的。归根结底，还因为我已经开始对自己封印"断行""舍行""离行"的行为感到内疚了。

指导员前辈答道：

"是啊，就连家里的衣柜，明明塞满了不穿的衣服，却一直舍不得扔掉一件呢！"

我大吃一惊，简直如梦初醒。

再加上这是位男指导员，居然从他口中听到收拾衣服这件事，这更加令我顿然醒悟：

"原来如此啊！"

那时我已结婚，成了一名差强人意的主妇，正鼓足干劲儿投身到家务劳动当中。对我来说，最大的难题就是整理物品。

尤其是整理衣物，更是令我头疼不已。面对塞得满满当当的衣柜，我简直束手无策。日常便装已经无处安放，像从衣柜里溢出来一样散落满地。然而，我明明拥有这么多衣服，却总在抱怨"没有衣服穿"，这到底是怎么回事啊！

我瞬间理解了前辈的那句话。这些令我一筹莫展的衣服我早就不穿了，早已不需要它们了，可为什么不处理掉，而堆放在衣柜里置之不理呢？

这无疑是执着心存在的证据。

换言之，这让执着心变成了肉眼可见的东西。

我漫不经心地积存在衣柜里的无用衣物，完美地诠释、证明了我的执着心的分量和固化程度。

那些衣服堆积如山，说明我的心里充溢着执着。

那些衣服一直堆积如山，说明我心里的执着寸步未离。

这太可怕了！原本肉眼看不见的执着心、原本无形的执着心，现在变成了肉眼可见的有形之物横躺在衣柜里。没错，我不能再继续自欺欺人了，也不能再熟视无睹了。

想到这些,我立即着手收拾衣柜里那些无用的衣物。

这个瞬间,我把放下执着心的行法哲学——"断行""舍行""离行"作为"断舍离",落实到了日常生活中的"收拾整理"上。当然,那时的我并未意识到这一点。

然而,当我开始直面塞满衣柜的衣服时,才发现事情并不简单。根深蒂固的执着心在我耳旁喋喋不休:

"啊,那件衣服可不便宜啊!

"哎呀,这件衣服说不定还会流行起来呢。

"保存得这么好,还能再穿呢。

"扔掉太可惜了吧。

"搁在柜子里也没有损失啊。"

这喋喋不休几乎要将我击败,几乎要说服我:它才是正确合理的。我顶着这种压力收拾那些无用的衣服，简直苦不堪言。

既然这般痛苦，还不如塞回衣柜里继续保存下去，那该多轻松啊！

与此同时，一股奇怪的怒火却从心底涌出：

为什么有这么多没用的东西？

为什么我一直在做这些毫无意义的事？

当然，我是对这混乱局面的始作俑者——自己感到气愤。

虽然我承受着舍弃物品的不舍，背负着舍弃物品的歉疚，还要忍受着自责的怒火，但开始实施断舍离之后，内心确实变得轻盈了。

每舍弃一件无用之物，衣柜和心里就会多一分空间。

每舍弃一件多余之物，衣柜和心里就会少一分负担。

每舍弃一件冗余之物,衣柜和心里就会多一分清爽。

就这样每天品尝着点滴的清爽感,感受着那块三寸空间一点点变美,我隐约开始相信:是断舍离让我重振了自我,还进化了自我,它完全可以成为日常生活这一阵地中的自我探索之法。

## 降临在高野山上的转机

距离我在衣柜里实践断舍离,已有10年岁月。那天,我生平第一次造访高野山——空海留下深深足迹的地方。

安排这次出行完全出于偶然的好奇心,并非因为对空海或高野山抱有任何兴趣。当时，精神呼吸法，即那时流行的新世纪系列讲座，恰好在高野山的禅房举行。我是为了参加这次活动而去的。

说来惭愧，其实那时我对空海的认识仅限于教科书上的知识，诸如"空海即弘法大师""是从中国带回密教教义的高僧""是真言宗的开山始祖"等。

至于为何动心参加那个呼吸法讲座，是因为这种呼吸法可以使人有意识地进入过度呼吸状态，从而体验不同于清醒时的感觉。回想起来，那时的我一定暗暗向往着那种精神恍惚的状态。

我家本不宽敞，而且我们和极其喜欢积攒物品的公婆同住。每日做着毫不擅长的个体会计工作，应付着先生公司的客户，而他们总是厚颜无耻地提出过分的要求。因此，我想掌握一种可以逃离日常生活中堵塞感和缺失感的方法，哪怕片刻也好。

坐上从大阪驶向高野山的"高野号"特快列车，起初有种郊游的感觉。但没过多久，当我透过车窗望着厚重的铅灰色云层砸下大颗大颗的雨滴，心里突然后悔无比。

我开始怀念那个总是包容我的老公、那个经常发出可爱笑声的稚嫩无比的大儿子，还有我心爱的瑜伽教练的工作。丢下这些难以割舍的存在，大老远跑到和歌山的深山老林里，到底有何意义啊？

"高野号"特快列车在单轨线上缓缓地驶进大山。到达终点站"极乐桥"之时，我的悔意达到了顶点。有什么可"极乐"的？在这个深山老林里，怎么享受极乐啊？

登上高野山山顶需要搭乘缆车。乘客们都一路小跑赶去换车，唯独我侧目望着他们，拖着沉重的步子走在后面。

不料，刚到山顶，一下子就豁然开朗了。

为何空气有这般感觉？

为何空气如此透明？

为何空气如此静谧？

坐在开往禅房的巴士上，与生俱来的好奇心重新点燃了。我占据车厢后排高处的座位，扭转着头，瞪大眼睛凝视着小门前町的那一户户人家、狭窄小巷里那一家家商铺。

没过多久，巴士抵达禅房。我以前只住过度假酒店和温泉旅馆，禅房是初次体验。里面除了榻榻米和纸拉门之外再无他物，反倒令人神清气爽。而且当晚的斋菜也很可口。当然，饭菜非常朴素。

至于那个源于美国的新世纪系列呼吸法，由一对夫妻兼任主办和指导，感觉二人很不搭调，毫无默契可言。再一问来参加讲座的其他人，居然是为了体验幻觉，我顿时失去了兴趣。借用当时流行的说法来形容我的心情，那就是"扫兴"。从那些想体验幻觉的参加者身上，我仿佛窥见了自己的"心术不正"，感觉有些无地自容。

翌日清晨，有人来通知禅房住客可以自由参加早课修行，于是我加入了他们。铜锣声和铃声回荡在狭小黑暗的禅堂中。伴随着修行僧焚香诵经之声，我忍受着跪坐引起的脚麻感，竟陶醉在那既轻快又厚重的交响声中。

虽然禅堂如此昏暗狭窄，却丝毫没有阴郁的感觉。不仅如此，甚至仿佛被一团不知来自何方的强光笼罩着。

后来得知强光源自"大日如来"，解开了我的疑团。"大日"指的是日轮，而"大日如来"是真理的化身，不断向宇宙倾注远比太阳更明亮的光。也许这只不过是我的想当然，但如果不这样想，便无法解释那黑暗中直射眼底的夺目光彩。

早课之后，我独自坐在开阔的檐廊，望着清扫庭院的小沙弥，突然一种感觉涌上心头。他正拿着竹耙一样的扫帚，在白沙表面用旋涡和曲线勾勒出周正的图案。

原来如此，断舍离并非一个词语。假如它是"环境"，假如它是"空间"，假如它是"生活"，那么我正在品味的"高野山"这一环境、"禅房"这一空间、"小沙弥"的生活，正是断舍离本身。

这种感觉让我萌生立刻回家的念头。我要先把日常生活的空间打造成这个禅房的模样：不依靠多余的器具，不堆积多余的物品。当然，我丝毫没有出家修行的志向，只不过目睹了将断舍离做到极致的范本之后想尽力模仿一番，这也是顺其自然之事。

如今回想起来，我的思想在那一刻发生了转变，由关注外物的"物轴"转变成俯瞰整个空间的"空间轴"。

于是，我买了一大堆高野山的特产——那令我由衷赞叹"竟然如此美味"的"芝麻豆腐"，然后匆忙地踏上了归路。

直至离开，我依旧不明白高野山是气场何等强大的修行圣地，依旧对空海和真言密教的真正含义懵懂无知。

## 对过剩采取"斩断""舍弃""离开"乃当务之急

在初访高野山后，我的断舍离速度一下子加快了。准确地说，是"舍弃"多余东西的速度提升了很多。但令人费解的是：无论怎么舍弃，多余的东西还是源源不断地涌出来。磨蹭不得，要是慢悠悠地实施，那到任何时候也不可能获得如自己憧憬的禅房般清爽的空间。

奋战对象除了物品,还有我的婆婆。她对舍弃的做法有抵触,认为"太可惜了"。而我却偏偏没有沿着她的思路。不仅如此,我还逐渐通过讲座的形式,开始向包括瑜伽班学员们在内的周围人讲授断舍离。我并没有将断舍离作为一种行法哲学,而是将其纳入"收拾整理"的方法,传授给周围那些自认不擅于整理的主妇们。

当时,正赶上收纳术最盛行的时期。各路备受推崇的明星收纳老师,陆续推出一系列独出心裁的创意,教大家如何在有限的空间内高效地收纳更多东西。可惜不管主妇们如何努力效仿,结果只能得到一时的整齐利落,没过多久就凌乱如初了。即便如此,这世上的主妇们依旧沉迷于那些收纳专题的电视节目和杂志。

我也未能免俗,曾尝试过这些夺人耳目的收纳术,可是很快就放弃了。因为我的脑海里浮现出这样一个疑问：

到底要大费周章地收纳什么呢？

令人遗憾的是，这些收纳术都是"物轴"的产物，从头到尾都在考虑如何高效地把身边堆积如山的物品收拾好。结果，居住空间中反而徒增了"收纳神器"这类多余之物，有限的空间不断变得更紧张。而"收纳神器"里的那些物品究竟是否必要、是否合适？几乎没有人考虑过这个问题。

这种囿于"物品"的浅薄认识到底从何而来？

自不待言，始作俑者就是"对物品的执着心"。换言之，倾注于物品的心意、寄付于物品的情感会导致我们停止思考。那些物品已经毫无用处，人们却仍然竭尽全力地去收纳、去积存。沉迷于收纳术的人，只不过把源于执着心的"积攒物品"换成了"收纳"这一体面的说法而已。

当执着心披上收纳术的糖衣，不快感减少了。但是，这导致一个令人不寒而栗的现象：由于我们接触的物品和信息泛滥成灾，原本显而易见的道理变得不易察觉了，审视"物品与自我关系"的思考能力变得越来越迟钝了。

正因如此，哪怕是为了自己，我也要不遗余力地讲述并传播断舍离。

如今，我们需要的不是如何高效地收纳，而是应当把目光投向那些"过剩的物品"，并将其摒弃掉。关注过剩、聚焦过剩，对过剩采取"斩断""舍弃""离开"乃当务之急。

如此一来，既可以轻松解决困扰我们的整理收纳问题，又可以重拾舒适的生活空间。

在尽力实践这项活动的期间，某日，受冲道瑜伽道场负责人——龙村修的邀请，我参加了集训讲座的活动。大学四年级的时候，我初次拜访了瑜伽道场，那时龙村修是道场的见习生，作为冲正弘导师的直系弟子日日钻研修行。冲导师逝世后，龙村修肩负起瑜伽道场的重任。后来自立门户，成立了龙村瑜伽研究所，并被誉为日本瑜伽界第一人，当属实至名归。此外，他与我是早稻田大学的校友，加上这层学长学妹的缘分，我们两人的交情未曾间断。

受邀参加的集训讲座，在高野山的"无量光院"禅房举行，讲座主题是"学习弘法大师的瑜伽智慧"。

这个讲座我非去不可，一定要参加，因为我对高野山和那里的禅房怀有感激之情。虽说我尝试将断舍离落实到了日常生活中的"整理收纳"上，但是这个词语蕴含的力量太过强大，我完全处于被动局面，或者说始终停留在思想观念的层面。正是高野山使断舍离从语言或思想中跳脱出来，转换成日常生活中的"行动"和"目标"，即"环境""空间"与"生活"。这是日常生活的基本要素，是生存下去的基础。

在高野山的瑜伽集训讲座上，我初次接触到空海的宇宙观。

## 初识空海与瑜伽的关系

虽然是故地重游，高野山依旧是个不可思议的地方。乡村铁路在险峻的山坡上缓缓前行，到达终点后换乘缆车，然后转坐巴士。真是深山老林啊……心里刚刚划过一丝不安，刹那之间视野豁然开朗，仿佛眼前打开了一扇巨门。

险峻的山顶上是开阔平坦的台地,四周环绕着被称为"内八叶"和"外八叶"的16座山峰。高野山宛若如来、菩萨的莲台,仿佛一朵盛开的莲花。难怪选择这里作为真言密教的修行之地,我由衷地敬佩起空海的独到眼光。

此时我才知道空海与瑜伽的关系。

空海在《即身成佛义》中道:"六大无碍常瑜伽……"

六大无碍常瑜伽,

四种曼荼各不离,

三密加持速疾显,

重重帝网名即身。

## 注

六大：构成宇宙的六大要素，"地""水""火""风""空""识"。

瑜伽：融合、合为一体。

三密："身密""口密""意密"，即行为、言语、思想，是密教修行的三大原理。

在集训讲座上，我聆听着无量光院住持——土生川正道大僧正的讲解，多年来在瑜伽训练中了解的用语和空海的教诲在脑海中联系了起来。

空海的"瑜伽"与我平时训练的瑜伽（YOGA）是相通的，在梵文中意为"结合"，是自我与圣谛之道合为一体的行法。

即"梵我一如"。"梵"本意婆罗门，是孕育我们的一切神圣之力。"我"即自我、我、我们。换言之,"梵我一如"便是我们自身与圣谛之道合为一体。

真言密教、空海的瑜伽以及传统的瑜伽修习,都是与圣谛之道的融合,都是为达此目标的思考方式和行法,即通过三密加持,以自我之身与宇宙的根源佛——大日如来合为一体。所以才说"即身成佛"。

那时的我虽然只不过是在语言层面上将这些联系了起来,但同时肉身也品尝到了思悟带来的畅快,或许算是体验了一把身心一如的感觉吧。

接下来简单回顾一下我的第二次禅房体验。

禅房的清晨来得很早。6点开始在禅堂举行"护摩仪式",吟诵《金刚经》的节奏动听悦耳,小铜锣和铜铃的欢快余音在耳畔回响。诵经之声富有朝气,轻快无比。借着烛光定睛望去,声音的主人竟是年轻的比丘尼，或是异国面孔的小沙弥。当然，还有许多旅客来参加，无论男女老少，不问国籍人种。最后，众人一齐对大日如来合掌顶礼，结束约一个半小时的晨课。

早晚都是斋菜，即日式的素食料理。以为是甜烹蛤蜊，入口才发现是大豆制品；看上去像炸童子鸡块，其实是面筋做的。样样鲜美可口，处处独具匠心。

还有沙弥们精心的服侍，或许这也是他们修行的一个重要环节吧。甚至连被褥都替我们铺好了，着实出乎我的意料。

这里的浴室和卫生间是公用的。房间之间只用纸拉门隔开，连门锁都没有。如此简单质朴的环境反而有一种新鲜感，令人不由自主地放下了警戒心与猜疑心。

我走出禅房，索性前往高野山最神秘的圣地——奥之院走走，这是空海灵庙的所在之地。从参道入口的"一桥"经过"中桥"，一直通往灵庙。在这段路上，有着几百年树龄的参天老杉依旧苍翠欲滴。路旁大约有20万，不，至少40万座墓碑和灵塔。

织田信长灵塔、丰臣家族墓地……

武田信玄、上杉谦信、明智光秀、石田三成、伊达政宗、千姬、春日局……

浅野内匠头、赤穗四十七义士……

亲鸾圣人、法然上人……

简直像在翻阅日本1200年历史的教科书。随处可见的是战争中的牺牲者的灵塔，还有现代企业的公司墓。如今，在高野山上拥有墓地已经成为身份地位的象征。据可靠消息，墓地价格已经直逼东京的黄金地段了。

弘法大师空海的灵庙正堂，原本是一座小小的木造建筑。如今在前方用水泥建起了一座宏伟的伽蓝，巨大的天井上挂着无数祭祀祖先的灯笼。当然，这一定需要大量的布施。

我无法想象，早已开悟入定的空海，会怀着何种心情看待自己逝后的情景，但有一件事令我觉得非同寻常。

那就是为入定之后的空海举行的"生身供"，即每天向空海奉膳的仪式。一日两次，四菜一汤。据说，每天为弘法大师准备膳食的习惯已经持续了千年之久。也许这早已成为晨课的一环，但是，我对此的确有种与信仰世界相去甚远的世俗印象。不知是错失了停下的时机，还是无人敢出言反对。

所谓信仰、所谓崇拜、所谓敬畏，其对象究竟是真理还是教义，抑或是人物呢？这个单纯的问题又一次浮现在我的脑海里。

接下来，让我们把话题拉回圣地奥之院中一个极具特色的墓碑——"五轮塔"吧。

五轮塔从下往上依次是：

方形代表地轮，

圆形代表水轮，

三角形代表火轮，

半月形代表风轮，

宝珠形代表空轮，

即地、水、火、风、空。

五轮塔聚齐了宇宙的构成要素。我曾产生这样的疑问："不应该是六大构成要素吗？"原来，只有合为一体才能化作宇宙能量。我不可思议地产生了共鸣，等我逝去后也将重归宇宙，我的身体将成为宇宙的一个构成要素。于是，我愈加觉得世间的葬仪多此一举，墓地也是画蛇添足。死后只求彻底燃烧，化作一把清灰，倾倒于身边的树木之本，肥沃一片净土。

想起后来我和龙村修去不丹研修的情景。在那里，藏传佛教依然保留着浓厚的印迹。这与我们日本人执着于遗体、遗骨的意识大相径庭。墓地也是一样，只在长长的竹竿顶端绑上写有经文的白色旗帜，在蔚蓝的高空随风飘扬，不久后也将重归于土。

## 了解原始佛教的宇宙观

四法印为如下四个标印：

诸行无常

诸法无我

一切皆苦

涅槃寂静

在这次题为"学习弘法大师的瑜伽智慧"的集训讲座上,我从龙村修学长那里重新聆听了四法印的讲解,即原始佛教的宇宙观。

万物皆无常,无常即万物。
万物存因果,因果相辅成。
由因而生果,有果必有因。
万物终涅槃,因果亦调和。

以上是我当时对四法印的理解。虽说是学习,其实连一知半解都算不上,只是初尝其味而已。但浅尝一口便知其中滋味,而且这滋味对于日后加深我对断舍离哲学的信念发挥了巨大的作用。

但是,要将其咀嚼消化并吸收转化为自己的知识,还需待以时日。直到我遇到另外一位导师——三枝龙生，他身兼合气道大师与整体师[1]的身份，更是一位著名的神道秘典研究者。直到他为我讲解"三枝版"神道秘典，我才真正吸收（后文详述认识三枝龙生先生的经过）。

当时，有一条道路坚定了我的信念，那就是半圣半俗。其实，我原本就未曾选择投身圣地灵峰的修行道路，作为一介世俗之人，只愿自己尽可能在平淡寻常的生活空间里保持清净。而且我也明白，永恒的清净只是痴人说梦罢了。因此，如果环境变污浊了就将其打扫干净，如果再变污浊，那就再打扫。我只求自己能在日常生活中做一个这样的人。

在这个过程中，最重要的是能够发现自身污浊的意识，察觉到思考、感觉和感性中的阻塞并予以清除。

---

[1] 整体师，是一种职业，用手或器械对全身关节的扭曲、错位进行矫正，以及对骨骼筋络进行调整。

而造访灵山高野山这一次非日常性的体验，给了我俯瞰日常生活的机会。

走下灵山高野山，等待我的是日常生活中的柴米油盐。现在家里一定又堆满了脏衣服，房间角落里也积了一层灰尘，精美的插花已经是枯枝败叶，出门前整理好的物品又凌乱不堪了吧。

打理生活环境时，稍有疏忽就会变回当初的样子。在日常生活中，要维持一个神清气爽的环境、一个有"神圣感"的空间，唯有重复这朴素而略显"俗气"的家务劳动。

所谓冥想的三昧。

通过冥想、坐禅、止观达到的三昧，指的是彻底止息杂念、回归自我的状态。这里的三昧亦属"圣谛"范畴。可以把所有日常生活中的家务也看作一种冥想修行，从一种需要努力完成的任务，变为一种可以沉迷其中的乐趣，继而进入三昧的境界。如果沉迷于居家清扫并集中精神持续下去，那么，只要度过某个点就一定能进入三昧。

这就是我的半圣半俗。通过每天整理生活空间，从日常生活中提炼出"圣"。或许，此时我重新认识到，自己日日夜夜坚持的断舍离，其实就是空间的瑜伽、空间的"动禅"。

※ 在本章末尾引用了冲道瑜伽的冲正弘导师及其衣钵传人龙村修导师的文章，敬请参阅。

## "身心一如"和"身与心的交汇点"

第二次造访高野山是在平成二十一年，也就是

2009年夏季。

那时,点连成了线,我开始在日本各地举办断舍离的讲座。最初那个"点"始于我在家中客厅举办的沙龙,在我的邀请下,许多同人过来捧场。不知不觉之间口口相传,一些东京或地方的自发性讲座也开始邀我参加。

这要感谢当时勃然兴起的社交网络,参加者陆续发布了大量称赞讲座的消息。甚至用幽默风趣的笔触描述了对断舍离的"痴迷",令我大受鼓舞。

此外,那时我还对一份邮件杂志非常着迷。

*自凝心平《身与心的交汇点》*

*身与心休戚相关。甚至连头痛、腰痛、肩痛、痛经、花粉过敏也是有蕴意的。以15年临床经验与18,000件心理咨询案例著称的身体心理学专家——自凝心平为您讲解不可思议的身心复原法。*

我惊讶万分，居然有人自称是"身体心理学专家"，而且杂志的内容确实证明了他的名副其实。更加令人吃惊的是这个标题——"身与心的交汇点"，我甘拜下风。

"身心一如"是冲道瑜伽灌输给我，同时也是我主动灌输给自己的一个概念、一个思考视角。身与心本为一体，这是不言而喻的事实。心病则身病，身病亦会导致心病。

然而，我认为理所当然的观点却常常不为人所意识到。实际上，熟识"身心一如"这四个汉字的人寥若晨星。因此，我对自凝心平先生的"身与心的交汇点"钦佩得五体投地，这多么通俗易懂，多么富含感染力啊！

此外，我把自己的断舍离之法，作为一种始于审视自身与物品关系的沟通方式、始于俯瞰空间的环境优化方法，通过不断摸索形成了自己的见解。不仅"身心一如"，我认为物品与物品所在的居住空间也属于自己的内在、内心，即"物心一如"。

换言之，断舍离总会回到物品、空间与身体上，揭开内心的谜团，为内心的阴霾照进一丝阳光。

我暗自自诩：如果自凝心平先生擅长在身体领域阐释心理问题，那么，或许我擅长的是在生活空间这个领域化解内心、治愈内心吧。甚至我想在面向学员的博客——"断舍离通信"的简介中这样写：

"内心、物品与空间，休戚相关。横七竖八的物品、杂乱无章的房间亦是有蕴意的。以 30 年摸索整理方法的经验和学员众多而著称的空间心理学专家——山下英子，为您讲解不可思议的身心复原法——断舍离！"

然而，不知什么缘故，不久后这个我所钟爱的邮件杂志突然停刊了，这太遗憾了。于是，我干脆把那些内容转发到自己的博客。当然，注明了文章的出处，但完全未经这位素昧平生的自凝心平本人许可。

就在这一年，2009年年底，由点连成线的断舍离终于有机会连线成面了。这只能解释为"神的安排"吧。幸运接踵而至，我的书居然要出版了。

坦白说，那时我做梦都想把"断舍离"汇集成书。因为可以让更多人了解断舍离，可以把断舍离传播到更远的地方。

我的愿望为何如此强烈呢？

其实，在我梦想的深处流淌着"愤怒"。因为得不到理解而愤怒，因为得不到认可而愤怒，因为得不到称赞而愤怒。换句话说，我在断舍离上倾注的心血与周围人的理解程度相去甚远，我因此而感到愤怒。同时，这还反映出我渴求得到世人认可的强烈欲望。

表面看来是我们拥有物品,实际上却是物品绑架了我们,结果只能哀叹"明明想扔,却扔不掉"。人们抱着多余之物,任由它们侵蚀自己的时间、空间与精力,却只能哀叹"无力整理"。采用这种以物质为轴心的思考方式,而不懂得俯瞰空间,会导致我们无法认清现状,最终把自己贬低到不如物品的境地。

我愤怒的是,我们怎能陷入这般境地却无动于衷!

我愤怒的是,我们怎能对这种状态毫不自知!

这些怒火的能量就是我梦想的源泉。

2009年12月,我的处女作《新·整理术 断舍离》(MAGAZINE HOUSE 出版社)出版发行了。原本以为与写作出书无缘的我,转眼间竟然成为一名畅销书作家。

若问我是否对此感到意外，说出来可能招致误解，其实并没有。我的真实感受是世人终于跟上我"断舍离"的脚步了。虽然这对我来说确实是一个尚未习惯的陌生舞台。

然而，周围却把"断舍离"看作一股热潮。于我而言，断舍离就是每天的生活，而且我将其作为自己的生活哲学，花费了近40年时间反复地思考、尝试，最后创造而成，今后也将继续摸索下去。

无论是把断舍离看作风行一时的热潮，还是浅薄地解释为"丢弃类整理术"，都在我心中交织成一丝丝愤慨。

话虽如此，但自从跻身于畅销书作家这个显而易见的公开"舞台"，与过去截然不同的出场人物接踵而至。首先就是出版社的编辑们，新书约稿接连不断，不知不觉我开始靠码字糊口了。

其中有一本是我一直坚持更新的博客——《断舍离

通信》，这最令我欢欣鼓舞。因为写的时候就是按照书籍的体例，而且我一直有汇集成书的打算。

2010年6月，《欢迎进入断舍离的世界——物、事、身、心的整理术》(宝岛社)出版发行。由2007年3月—2009年1月的博客文章汇集而成，又一次登上了畅销书的宝座，于是我立即着手准备第二部。

2011年6月，《欢迎进入断舍离的世界——打造我的容身之处》(宝岛社)出版发行。

第二部收录的博客文章中，有很大篇幅是从素昧平生的自凝心平先生编写的邮件杂志擅自转发的内容。既然要出版成书了，礼节上当然要征求原作者的许可。于是我通过出版社与他取得了联系，对方也立刻爽快地答应了。就是从那一刻开始，我和自凝心平先生结下了深厚的缘分，开始并肩前行。

在博客中，我记录了初次见面时的情景。

断舍离遇见自凝心平　2011/09/03

今天也有新的相逢。

感觉似曾相识，倾盖如故。

他是自凝心平先生。

丝毫不像初次见面，

我们一见如故，开怀畅谈。

过去我钟爱的邮件杂志——《身与心的交汇点》，

作者就是自凝心平先生。

我引用了他不少内容，出版了《欢迎进入断舍离的世界》。

也因此通过宝岛社的编辑同人与他结缘。

他懂得倾听"身体之声"，

甚至可以解读"心灵之声",太难得了!

这不可思议的本领来自刻苦勤勉的研究,

来自接近两万名患者的咨询经验,

是不断努力、刻苦钻研的成果。

面对生命,与患者共同流泪。

面对生命,与患者共同欢笑。

这就是他的事业,

我不由得期盼,也能拥有这样一份事业。

对于困扰大多数现代人的生活习惯病,自凝心平先生早已洞察一切,他如是说:

"生活习惯病,即生活'过剩'病。"

现代人身体稍有不适就直奔医院去服药,或者尝试各种所谓的健康疗法。可是，关键的是病状的"含义"，人们却不会解读。至今为止，我接触过两万多名患者，与各种疾病、病症打过交道。在这期间我最深切的体会就是，几乎所有的现代疾病都源自"过剩"。暴饮暴食、过度呼吸，甚至包括信息爆炸引发的心理压力。在22年的咨询生涯中，我不断传递着这样的信息：

时刻注意如何"释出、舍弃"，如何简单地生活。

（自凝心平）

自凝心平先生所说的于我而言就是"断舍离"，只不过我们涉及的领域不同而已。横七竖八的物品、杂乱无章的房间如果变成一种常态，那就是空间上的生活习惯病。不，应该说是一种生活"过剩"病的典型症状。换言之，生活过剩所引发的龃龉，同时还体现在身体与生活空间上。

此外，自凝心平先生还指出：所谓生活"过剩"病，同时还是生活"麻木"病、沟通"不足"病。

我不禁点头道是。正如我们在信息大潮中随波逐流，物品也朝我们的空间蜂拥而至。对此，我们不假思索地全盘接收，毫无意识地淹没在物质的海洋。最终，这些无力处理的过剩物品与我们的关系无疑会招致沟通不足、交流障碍的弊病。

这种弊病就是横七竖八的物品、杂乱无章的房间，也是被无用之物耗尽精力的生活空间所患的疾病。是身体的疾病，也是心灵的疾病。

于是，如同过去为打倒旧势力而拉帮结派的"革命人士"，自凝心平先生和我决定向旧观念宣战。当然，就像空海当年凭借智慧统合佛家各派势力、弭平纷争一样，自凝先生也深谙无须暴力攻击，机智地通过脚踏实地的努力获得成功的方法。他可以自然而然地和三教九流结成至交就是最好的印证。

得益于他的这种才能，我也可以广结良缘，认识了众多有着独特见解的新朋友。

## 合气道忌"停留"

与自凝心平先生相识一年后，得益于《断舍离》（MAGAZINE HOUSE 出版社）的出版，又一个相遇之"运"降临到我的身上。对于这场出乎意料的邂逅，我只能理解为缘分即运气，运气即缘分。或许是《断舍离》说服了三枝龙生先生，让他走进我的人生。

处女作《断舍离》的责任编辑关阳子女士很早之

前就计划去采访那位著名的合气道大师兼整骨名师三枝龙生先生。不知她是怎样得到的灵感,居然给三枝先生送去了《断舍离》的赠本。先生读后便在他的会员网上写道:

我认为"断舍离"并非提倡丢弃物品,首先应该面对物品。因为这一切都是自己曾经选择的,也是自己曾经接受的。假如实施断舍离,就不会随随便便地接受了。

无论是物还是人,都是值得怜惜的。

——龙生

竟然有人能够一语道破断舍离,我简直喜出望外。因为越来越多的人浅显地认为"断舍离就是扔东西",而三枝龙生先生居然言简意赅地道出了断舍离的价值,他不凡的悟性真令人感到惊喜。

是关阳子编辑灵光一闪，猜到以三枝先生深刻的洞察力一定可以精确地把握"断舍离"的意图。我和关阳子编辑由衷地希望当面致谢，于是我们前去三枝府上拜访。但是，印象中他是一位难以取悦、貌似黑道大哥般的铁面人物。因此我们都有些忐忑不安，毕竟只是一名出版社的小编辑和一个刚混进畅销书作家队伍里的新手。

没想到出门迎接我们的三枝先生心情愉悦、笑容满面。我们意气相投，当晚直奔居酒屋开怀畅饮。对此我只能这样理解：合气道中的"合气"意为"意气相合"，所以合气道大师可以轻而易举地与别人意气相合地交流。

三枝先生心情大好，还向我们展露了几手合气道的入门招式。结果一根手指就把我们放倒在地，这可着实令我大吃一惊。由于是第一次体验，我深感不可思议，反而来劲儿了，要求由我方出招。三枝先生欣然同意了，而且老老实实被我给放倒了。然后告诉我在他漫长的合气道生涯中，只有两个人初次见面就要过招。一个是驻日法国大使，另外一个就是我。真是无知者无畏，令众多徒弟胆战心惊的事情，我居然面不改色地做到了。

那天我们喝得酩酊大醉，借着酒劲儿结了干亲。实在不敢当三枝先生武道的弟子，所以做了义女。我是1号义女，关阳子成了2号义女。而且，这2号义女竟然在义父和我都不知情的情况下和他家的大公子坠入爱河，最后还"合气"到了婚姻的殿堂。

作为三枝龙生的义女，我便有机会混在一众徒弟之中窥探合气道的奥秘。在我看来，合气道也是断舍离的一种表现形式。

合气道忌讳"停留"，正因如此才可以毫不费力地躲避对方的攻击。一般来说，人一旦遭遇攻击就会试图"停"下来，为了"停留"而站稳脚跟。如果身体迅速放弃"停"在原地的执念而动起来，那对方发动的攻击会原封不动得全部返还回去。也就是说，如果对方向前拉，则尽管随其拉力而动；如果对方向后推，则尽管随其推力而动。如此一来，对方拉动的力量、推动的力量将无处可去，最终以数倍的力道反弹回去，令对方自行毁灭。

"停留"="执着"。

忌讳"停留"即忌讳"执着"的合气道，同时也是一种心灵的修行。通过身体力行、反复练习，改变执着于"停留"的身体，同时扫除内心的执着。同样，断舍离忌讳积存物品，即忌讳执着，通过反复选择来防止物品"停留"家中,从而掌握与执着心和解的方法。

身不停于一处,心亦不停留,方可放下执着。
物不停于一处,心亦不停留,方可放下执着。

身体这一空间、家这一空间,皆是心灵的居所。无论从身体出发,还是从家出发,虽然方式不同,但都可以攻入我们的执着心并使其分化。

三枝先生除了指导我合气道的入门招式之外,还教给我一些可以预防身体极度恶化的整骨方法。但我从他那里得到的绝对不止这些,因为我居然有机会接触到了神道秘典的古代文献。

神道秘典可以追溯到遥远的上古绳纹时代,与其说是一种未知的文明,莫如说是识者自知。战后,一个名叫楢崎皋月的人偶然在神户深山中发现了一些古代文献，由80首"神歌"构成。还包括以"……谨奉神谕"开头的通神灵音——神歌104首，皋月在译解诵读此文献时与神灵产生了共鸣。

据说，三枝先生40年来一直孜孜不倦地研究神道秘典。他将秘典视为"日本神道的神学"，同时也是一种与现代社会相通的"实践哲学"。

《神道秘典·神歌》 第一首
神道秘典灵音，一统间域
谕不容于众者，习神歌者，
聆听神道秘典，神歌不息。

围绕这首开篇神歌，三枝先生向我解释道：

"神道秘典中最重要的部分是，能否理解'一统间域'的含义。但是无论在哪个时代,如此重要的'习神歌者'总是少数派。如果你今后想修习神道秘典,那就要做好心理准备,即便成为'不容于众的少数派'也不要受到周围的干扰,要踏实认真地学习。"

归根结底,三枝先生是想告诫我:

无论在哪个时代,探求事物本质的人都屈指可数;

用自己的双眸去观察,然后做出判断的人更是凤毛麟角。

一统间域。

所谓"间",意为时间、空间与人。

所谓"一统",意为统一、统治、正统。

因此,神道秘典是一种上古文明的科学,是一种智慧、一种哲学、一种思想。"一统间域"指的是容纳时间、空间与人,将其统合、融为一体。

三枝先生传授的神道秘典一下子把我的视野打开了。一直以来,我都在思考"物质的本质到底是什么",终于在这里找到了答案:

物,是时间、空间与人的集合。
断舍离,是审视物与"人"本身的关系。
断舍离,是自己创造"空间"。

随着"时间"的流逝,物品与自己的关系也会发生改变。过去必不可少的物品也许现在已经变得可有可无、无关痛痒,甚至成了累赘,被当作空间杂乱的元凶。因此,断舍离是基于这种瞬息万变的关系,周而复始地对空间进行破坏和创造的过程。换句话说,是一段与时间、空间互动的旅程。

对于物品所在的空间,如果从更高维度的空间来看，它就会变成物品。从生活空间中的物品一直到整个宇宙都适用这个道理。反过来，无论什么物品，如果从微观维度进行观察，它就会变成一个空间，这可以延伸到生活空间中的物品（分子、原子、粒子空间）。而且，这种关系会随着时间的推移而不断改变。

对于这种机制，龙村修在瑜伽中表示为"部分即整体"，自凝心平在身体心理学中表示为"分形"，三枝龙生在神道秘典中表示为"异本同源"，而我在断舍离中表示为"俯瞰空间、时间与人的关系"。

归根结底，万物唯一，同源同相。

而后，我加深了对四法印的理解：

"诸行无常"，主旨是变化，是对时间变化的认识；"诸法无我"，主旨是关系，是对自身与空间之关系的认识;"一切皆苦",主旨是经验,是对变化与关系之延续性的认识;"涅槃寂静",主旨是境界,通过以上三种认识探索人之一生。

此外,我还想起:

万物唯一,同源同相。因此,"身心一如"与"物心一如"是毋庸置疑的。正因如此,通过观察一个人的物品、居住的空间就可以推测出他现在的思想、感觉和感性,甚至还可以猜到过去的与未来的。不仅我可以做到,断舍离是任何人都能实践的自我探索之旅。

另外,三枝先生还向我解释了《神道秘典·神歌》第四十八首的含义。

《神道秘典·神歌》第四十八首
高天原神谕曰:穷竭所能,诵读此歌。

愿为世不容者，喜乐无穷，独善其身。

这首神歌的意思是：拥有无限神力的神主用各种方式昭示真理奥义，以此为这些不为世人所容的信众带来希望与梦想，使其切身体会到生命的意义。

令我惊讶的是，三枝先生说完后又补充道：

"对于大日如来的伟大教诲，其化身——不动明王，以慈悲亲切、通俗易懂的方式，有时则以愤怒伏魔之相阐述佛法，使芸芸众生可以为这个世间感到喜乐，并为之奋勇拼搏。"

这是神道秘典的三枝先生对真言密教的理解，于我而言，神道秘典与真言密教在这个瞬间融会贯通了。

而且，对于断舍离，三枝先生也提出了出人意料的理解：

真言

曼荼罗

仪式修行

每个人都必须持有各自的真言。断舍离是我的真言，通过断舍离创造的生活空间就是片刻的立体曼荼罗，而实践断舍离就是小我皈依于一个至高存在的仪式修行。

## 是偶然还是必然

回想起来，学生时代偶然想学习瑜伽，而且碰巧就是冲道瑜伽。

真是不可思议，如果那时我想学的是其他课程或是众多瑜伽派系中的另一种，那一定没有现在的我，也一定没有现在的断舍离。

想来确实奥妙无穷，为什么那时想学瑜伽呢？为什么选择冲道瑜伽呢？直到今天我依然找不到答案。

我听过这样一句话：世上无偶然，一切皆必然。

也许事实本如此，但是我依然认为与冲道瑜伽的相逢是偶然的，还有遇到龙村修这位冲道瑜伽的优秀使徒，碰巧还是我的大学前辈，这些都是偶然之事。

若把这一切看作必然，那我未免太狂妄自大了。

然而，赋予偶然的相逢何种意义完全取决于自己。对于冲道瑜伽，我也许……大概……不！一定是赋予了"生活根基"的意义。如今，冲道瑜伽无疑是我"断舍离"的基础与前奏。

接着，出现了一个新的偶然——永田良一先生。我做梦都想不到会与他相遇，更想不到现在居然和他一同出书，这简直是个奇迹！

"东证一部上市企业CEO（首席执行官）、执业医师、医学博士、医疗研究财团理事长、密教学修士、高野山大学客座教授、不丹王国驻日荣誉领事、学校法人理事长，等等。"

光鲜亮丽的头衔不胜枚举，又有傲人的成绩可以证明他的实至名归。研究态度一丝不苟，同时不忘与实践相结合。而我，如同无根浮萍左右飘摇，怎会与他产生交集呢？

可是，我永远都忘不了初次聆听永田先生演讲时的题目：

二而不二。

当时永田先生阐述了空海的"二而不二"，于我而言正是"部分即整体"，是"分身"也是"异本同源"，也就是断舍离中的"俯瞰空间、时间与人的关系"。归根结底,是一种超越黑白对立的世界观。

虽为二者,实为一元。
虽为一元,各分二者。

这种豁达自在的观点正是我毕生追求的思想。

行文至此全是我在断舍离中的私人琐事,有污清听,敬请见谅。可是,如果没有这些经历,我便不可能与虔诚的密教实践者、社会企业家永田良一先生相遇。

而且,我还深信永田先生是来斥责我,负责给我当头棒喝的。如今,到处都在传扬"断舍离",早已远远超出了我的控制能力。现在是一个关键时期,我必须回到原点、精益求精。而惰性却渐露端倪,正需要一个人时时刻刻鞭策我。

我不知道他是不是受空海之命（命令、指示）来到我身边的，可我不禁这样想，因为这偶然的相遇实在太过幸运了。

(参考文献)

## 舍弃之心

冲正弘

宗教之心即舍弃之心,而舍弃之心即无求之心、离开之心、忘却之心、无意之心、无牵挂之心、无执着之心、接受一切之心。

舍弃之心是强者之心。对于斟酌舍弃之后会困顿不堪的弱者、忧虑舍弃之后便无法再得到的弱者,彻底舍弃与彻底放下都是天方夜谭。

唯有相信绝对之人，才能做到自由舍弃。唯有悟出自身生存于世是因接受扶助与赐予，方能催生舍弃之心。唯有相信自己能生存于世，才能做到自由舍弃。唯有一直相信自己备受赐予和守护，才能做到自由舍弃。自由舍弃之人不会担心求而不得，亦不会忧虑得不偿失，更不会担心遭人夺取。只是接受一切，交由天命。唯有确信上天赐予的机缘都自有其价值，内心才能永远平安祥和、心旷神怡。对一切充满感恩，每天开心喜乐。

因为无信仰，所以执着于占有。因为不解赐予之恩，所以为占有而焦虑。而占有之心又催生出担心遭人夺取的不安、因得不到而感到的不公、因害怕邪恶而产生的恐惧。占有之心还会催生拒绝他人之心，无法接受他人的拥有。每天心烦意乱，不得不与他人争夺。而且，占有之心让人奢望永远占有，始终活在失去的恐惧之中。手持一物，则无法持另一物。唯有空无一物之手，才拥有获得万物之自由、接受万物之权利。

舍弃之心永远空无一物，因为空白，所以一切皆能进入真理。占有之心是偏颇的，执着之心是倾斜的。封闭之心与偏颇之心无法反映真实，唯有舍弃之心才拥有绝对的自由。舍弃了条件，无条件之心方可看到万物之善。舍弃了要求，无要求之心方可因万物而喜。舍弃了立场，无立场之人则不生争端。拥有舍弃之心者，永远平静如水，安于素朴之境，生活于无畏之中。

舍弃之心亦是接受之心，坚信生于他方给予的善意之中。舍弃之心无施恩图报之意，视一切为恩赐，对一切怀感激，将一切解读为爱。

舍弃算计之心，人生如一场游戏。生活是游戏，工作亦是游戏。因身处游戏而与喜乐形影相随，因身处游戏而修行唯物之心。舍弃之心无好恶之分、成败之别，唯有生命，唯有修行。

舍弃成败之心，再无痛苦。接受一切结果之心，再无不安。接受他人给予之物而生，则心无焦虑，这就是处变不惊之心、悠然自得之心、顺其自然之心。舍弃之心即领受神心之心，对一切合掌谢恩，将一切交付神明而自身唯有努力。舍弃之心可生一切，舍弃之生活令神佛（生命）之花绽放。舍弃我愿，方能支配本心，无愿则不受缚于人、心无障碍，舍弃之心通往自由与解脱之门。舍弃之心永保丰盈，因放下手中之物，即可自由拾取万物，故此丰盈。

舍弃之心是三昧之心，了无牵挂，毫不执着，只专心工作，只享受生活。因为不占有一物，所以一切顺其自然，故此每天诞生新的生命活力。若陷入执着，则万物皆死。舍弃之心是鲜活之心，使人永葆生机。

无执着之地，万物皆生。陷入执着则善恶混淆，放下执着才可坦诚面对万物。舍弃之心永无痛苦，接受本应接受之物即可。不得受任何事物的束缚，因束缚他物而感痛苦，因被他物束缚而感苦楚。因为违背天命，所以痛苦。

舍弃吧，舍弃吧。

唯有彻底舍弃，真理才能进入。

摘自《求道实践》（瑜伽研修会刊发）

# 何谓瑜伽

龙村修

## ◇瑜伽的本义

瑜伽一词的本义是"结合",意思是给牛套上犁、给马套上车,将它们"结合"在一起。那些在原野中生息的牛马原本只会随意吃草、活动,对人类毫无帮助。可是,当人类把犁等农具与牛相结合、把车与马相结合并加以控制,即可利用牛马之力完成各种工作,创造了栖息在原野上的牛马绝对无法发挥的价值。而瑜伽一词包含控制生命力的意思,从中又可引申出多重含义，主要包括将神明的力量和宇宙的能量与自己相结合、将身与心相结合，激发并控制这些力量等等。此外，如果将二者相结合则珠联璧合，因此还包含"统一""协调"或者"平衡""协作"之意；如果自己与他者结合则融为一体，因此还可以引申出"一体化"之意。

在古典名著《卡塔奥义书》中，主人命令御者驾驶五马之车奔赴目的地，作者利用此情此景阐明了瑜伽的意味。在这里，瑜伽表示"控制"之意。而瑜伽界的权威人物——帕坦伽利大师在《瑜伽经》的开头描述了瑜伽的定义，有两个译本，一个是"对内心活动的控制"，另一个是"对内心活动的止灭"，本书取"控制"之意。

## ◇瑜伽诞生于何时

在印度河流域发现的古印度文明（前2350—前1750，距今约4000年前）遗迹中出土了雕刻着图形的印章与黏土板，其中就有类似打坐冥想的图案，因此，人们推测瑜伽在那时已经诞生了。大多数人认为瑜伽是一种体操运动，其实不然，瑜伽的本意是冥想。因此，瑜伽修行是保持身体不会出现酸痛或伤害的姿势，通过使人心平气和的打坐方式，关注内心、调整呼吸，去冥想那些关注外物时绝对感受不到、察觉不到的事物。在这种状态下，可以接受宇宙或神灵的启示，可以领悟神明与自我关系的智慧，可以得到各种各样的体会。从实用的角度推测，古代的神官们也会通过冥想来探寻民众想知道的事情（例如，何时播种？今年有无水灾？是否风调雨顺？）。

## ◇为何做体操式动作

要让现代人尝试打坐法中的结跏趺坐，估计大多数人很难做到。即使做到了，也会因疼痛而难以保持片刻。为了在一定时间内保持骨盆稳定、背脊挺直、肌肉舒展、呼吸放松、大脑平静的状态，身体必须通过歪曲或收缩来保持血流通畅、自然呼吸。因此，才诞生了各式各样类似体操的瑜伽动作。在释尊时代（约2500年前），关于瑜伽坐姿（坐法、姿势）的日语词汇只有正坐、结跏趺坐、半跏趺坐、安定坐法、达人坐法（姿势）几种。源于上述目的，瑜伽的姿势随着时代的变迁而越来越多，据说13世纪时已经多达数百种了。此外，冥想不仅可通过静态方式进行，还可以在动态中达成，人们从中发现了巨大的价值。例如，在哈他瑜伽中，"哈他"意为"阴阳"，表示瑜伽控制力量与能量之意。

## ◇形形色色的瑜伽派系、瑜伽种类

印度古典著作《薄伽梵歌》(约公元二三世纪成书)阐述了传统瑜伽的派系,如:业瑜伽(奉献之道、行为瑜伽)、信仰瑜伽(信爱、祈祷、信心之道)、智瑜伽(知识之道)、王瑜伽(王者之道)等。如同富士山上有不可计数的登顶之道一样,瑜伽派系的区别在于达到解脱与开悟的道路不同,并非技术名称的差异。除了以上种类之外,后来又加入了8世纪之后开始流行的哈他瑜伽、昆达里尼瑜伽。但是,有些人不懂这些传统分类的意思,把阿斯汤加瑜伽、好莱坞瑜伽、艾扬格瑜伽等名称也加了进去。这如同把"瑜伽"和国名、城市名、动物名摆在一起,导致不了解瑜伽的人产生混乱。例如,"阿斯汤加(八支分)"的本意是瑜伽修炼的八个阶段(支分),也就是帕坦伽利大师提出的瑜伽修习八大步骤。可是,近年来在南印度地区有个名叫帕塔比·乔伊斯的人却用来表示自己总结的"连续动作的技术性瑜伽"。而艾扬格瑜伽和冲道瑜伽都是以开创导师的名字（B.K.S.Iyengar 和冲正弘）命名的。尤其冲道瑜伽是一种综合性的派系，涵盖了哈他瑜伽、王瑜伽、业瑜伽和智瑜伽等内容。此外，"好莱坞瑜伽"只是好莱坞演员用于锻炼的连续性动作，是某公司基于这一意思命名的，不能归入瑜伽本来的分类。"瑜伽"本不是某种技能的代名词（表示统一或协调状态的词语），但现在人们却如此使用了。

### ◇瑜伽意为与神结合

前文提到瑜伽的基本含义是"与神（宇宙）结合"，在《瑜伽经》中将其定义为"瑜伽就是对内心活动的控制"（岸本英夫译）。它的原文是"YOGASCHITTA

VRITTI NIRODHAH"，对于"NIRODHAH"一词，前文曾提到有人翻译为"控制（掌控）"，也有人翻译为"止灭"（佐保田鹤治、中村元译）。此处"止灭"的含义与"完全控制"或"三昧"基本相同。因此，从本义中也可以看出，瑜伽一词并无体操之意。无论何物都会随着时间的推移而改变，若不关注原点而只看瑜伽现在的表象，就会误解它的本质。希望大家从"瑜伽引导释尊开悟"以及"释尊和耆那是历史文献中最早的瑜伽修行者"这两点来想象一下，通过体操是绝不会达到那种境界的。

### ◇误把准备动作当成瑜伽

还有一个容易引起误解的现象，那就是从入门到最终目的分阶段讲解瑜伽，而且不同阶段有不同的行法，因此很多人只观摩或体验了其中一部分便误以为这就是瑜伽的全部。一般来说，众人误解的瑜伽其实只是第二、第三阶段，即"调身（Asanas）= 坐法、体位法"阶段。这本是瑜伽中"冥想"行法的准备步骤，但人们对其印象较深刻，误认为这就是瑜伽。例如游泳这项运动，本质是在水中自由游动而不会溺水。但是人类并非一开始就会游泳，大多数人在下水之前会做准备体操，或抓住泳池边缘练习用脚拍水，或把头浸入水中练习吐气、屏气，或昂头做吸气练习。经过这些练习之后，才可以在水中自由地游动（学会游泳）。但是，拍水练习和换气练习并不能称作"游泳"，只是游泳（为了学会游泳）的一部分而已。同样，许多人认为的瑜伽也只是瑜伽的一部分，并非瑜伽本身。（见图1）

空海与断舍离

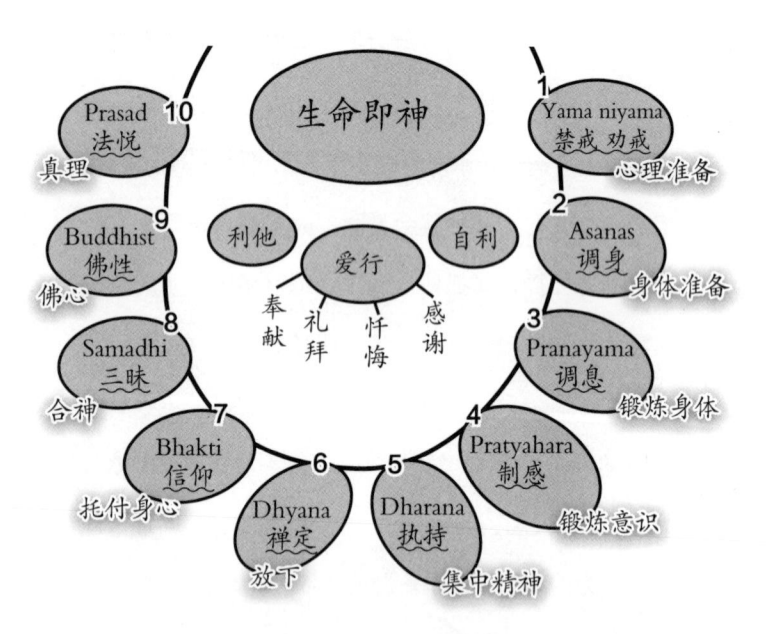

图1 冲道瑜伽的十个阶段

- 生命即神
- 利他 / 爱行 / 自利
  - 奉献 礼拜 忏悔 感谢
- 1 Yama niyama 禁戒 劝戒 — 心理准备
- 2 Asanas 调身 — 身体准备
- 3 Pranayama 调息 — 锻炼身体
- 4 Pratyahara 制感 — 锻炼意识
- 5 Dharana 执持 — 集中精神
- 6 Dhyana 禅定 — 放下
- 7 Bhakti 信仰 — 托付身心
- 8 Samadhi 三昧 — 合神
- 9 Buddhist 佛性 — 佛心
- 10 Prasad 法悦 — 真理

# 第二章

## 空海的一生

首先,介绍一下,空海是一个怎样的人以及他度过了怎样的一生。由于是1200年前的历史人物,因此,关于他的人生轨迹,除了本书以外还有多家之言,望各位海涵。

## 背负家族期望的空海

774年,空海生于赞岐国,即现在的日本香川县,父亲是当地的郡守——佐伯田公。据说,空海的乳名叫"真鱼"。

空海是闻名遐迩的书法家,字写得非常漂亮,而且是一位出色的文学家，留下了不少隽永篇章，这似乎是受到舅父阿刀大足的深刻影响。阿刀大足是位了不起的人物，甚至曾任桓武天皇皇子的家庭教师。空海从15岁开始跟随阿刀大足学习《论语》和写作，这一点在后来的著作中也提到过。本是有才之人，又脚踏实地跟随良师学习，所以空海的学问突飞猛进，令周围人惊叹不已。

792年，18岁的空海入读大学寮（大学）。这是培养官僚的学校，由于当时严格的身份制度，没有相应身份的人是无法就读的。佐伯家似乎也不够格，不能轻而易举地入学。后来，在阿刀大足的帮助下空海才得到批准。

当时，只要没有严重问题，进入大学寮就意味着走上仕途。用今天的话来说，颇有种"高级储备干部"的意思。而且，那时官僚能享受的荣华富贵是今天的不能相提并论的。这就意味着进入大学寮已经不是空海个人的问题,他肩负的是佐伯一家甚至亲戚同族的繁荣兴旺。

不仅空海的亲人,全族都将希望寄托在他一人身上。

据说进入大学寮之后,空海发愤忘食地学习。后来他在书中自述:古有"萤窗雪案"学习的故事,还有"悬梁刺股"强忍困意坚持读书的故事,但是,和我当年努力学习的程度相比,连他们都显得懒惰了。(《三教指归》)确实如此,空海的努力程度达到了废寝忘食的地步。

空海之所以如此刻苦,当然和与生俱来的求知欲有关,除此之外似乎还源于他对世间真理、人生真理的渴求。

## 离开大学寮遁入佛门

与其说大学寮是为了追求真理而专注学问的地方，莫如说是培养官僚的机构。从古至今，官僚都以循例主义为判断标准，无论先例好坏。而锐意进取、风华正茂的空海当然无法忍受这些。

他意识到，这种学问无论坚持多久，也无法参透世间真理与人生真理。为了追求思想与学问的自由，空海下决心离开大学寮、遁入佛门。

这在当时是令人难以置信的选择。前文提到进入大学寮就相当于走上仕途，全族都能享受荣华富贵。居然有人放弃这些而遁入佛门，简直令人匪夷所思。

周围也（向整个家族）投来尖锐的目光。空海肩负国家重任而入读大学寮，（在世人眼中）却在毫无正当理由（比如疾病）的情况下退学。世人误解他任性妄为或是背叛国家，也是无可奈何之事。

结果，空海被贴上了对国家"不忠"、对父母及同族"不孝"的标签。面对"不忠不孝"的污名，空海后来在书中塑造了一个人物形象，通过讲故事的形式据理反驳，可以看出他想洗清"不忠不孝"污名的愿望非常强烈。

父亲佐伯田公也对此勃然大怒，空海因此陷入了深深的苦恼。

但是，最终他仍然选择坚持自己的信念，为钻研真正的学问、探究真理，选择退学并遁入佛门。

走上修佛之路的空海未在官方的戒坛院（为成为正式僧侣而受戒的机构）受戒，而是在他所敬仰的高僧门下剃度受戒。这样一来，空海成了一名没有国家正式认可的"私度僧"。

据空海书中记载，佛门修行伊始，某位沙门

（原指古印度婆罗门阶级以外的出家人，后来演变成僧侣的统称）曾经传授给他"虚空藏求闻持法"的修法。

据说只要每天诵读"虚空藏求闻持法"的真言（南牟·阿迦舍·揭婆耶·唵·阿唎·迦麼唎·慕唎·莎诃）1万遍，连续修行100日，总共诵读100万遍就可以具备牢记佛经的记忆力。空海在四国岛土州室户崎（今高知县室户市最御崎寺）实践此修法，最终获得了神秘的体验。

对此，空海曾写道："观心，明星入口。"（《临终遗偈》）翻译成现代语就是"若心无旁骛地诵读真言，明亮的星辰都会飞入口中"。

## 作为遣唐使赴唐

此后,空海邂逅了密教典籍《大日经》,确信唯有密教才是彻底揭示佛教乃至世界本质的教义。可惜那时日本没有人潜心钻研密教、理解密教,于是空海坚定了远赴中国(大唐)学习的决心。

这个愿望在 804 年实现了。空海作为遣唐使中的留学僧来到大唐,留学的期限是 20 年。

一介私度僧以留学僧的身份乘坐官方的遣唐使船,这是史无前例的。事实上,直到出发之际空海才得知私度僧不得乘坐遣唐使船,从难波港起航的前一周才匆忙获得官方的度牒。

当时年轻无名的空海能作为留学僧乘上遣唐使船,定有高人从中斡旋,但详情我们不得而知。

回归正题,同年 5 月 12 日,共有四艘遣唐使船从难波港出发,但最终抵达大唐的只有两艘。

而空海所乘的第一艘船在航海途中遭遇风暴,严重偏离了当初的航线。8月10日漂流到中国(今福建省)时,由于当地人怀疑他们是海盗,空海一行被扣留在船内(50天左右),未能上岸。

于是,空海代表遣唐大使(同乘第一艘船)给大唐官府写信,得益于他出类拔萃的文笔和字迹,府官猜测这一定是位举足轻重的人物,这才批准他们登陆。

而且,因为是从日本远道而来的大使,所以,他们受到了盛情款待。这件事可以反映出空海的文章确实卓乎不群。

话说第二艘遣唐使船上还有一位高僧,那就是与空海并称日本密教推动者的最澄。在同一时期,同样作为遣唐使来到大唐(所乘船只不同)。而且,颇有意思的是当时四艘船当中,只有空海所乘的第一艘和最澄的第二艘成功抵达大唐。

当时，最澄的地位（天皇护法）远在空海之上。因此，并未像空海一样作为留学僧长期留在大唐，而是以"还学僧"的身份短期留学，仅逗留半年左右就踏上了归途。

再说空海，到达大唐都城长安（今西安）之后，以留学僧的身份协助遣唐使的工作，待遣唐使一行归国后便正式开始潜心修行密教。为此，首先要攻克语言难关（学习梵文），不久之后他前往长安青龙寺（今天仍在）拜访密教付法第七祖——惠果阿阇梨。

对为修习密教而远渡大唐的空海而言，最大的目的就是得到七祖惠果的教诲。不料，惠果一见到空海便说："我知道你会来，一直在等你。"立刻接受了不请自来的空海，并承诺将他收为徒弟，传授密教的奥义。

惠果一眼就洞见了空海的才华，尽管弟子众多，却决定向突然而至的空海传授密教奥义，他独到的眼光实在令人钦佩。

此时，惠果也许已经悟到自己命不久矣，虽然称不上快马加鞭，却也一鼓作气地向空海传授了密教奥义。

就在6个月后，传授完毕之时，惠果突然一卧不起，弥留之际对空海道："及早回日本传播密教，解救日本众生，安邦济民。"留下这句遗言便圆寂了。灭度之时，空海代表众弟子撰写了追悼碑文。

## 回到日本

翌年，空海遵从惠果的遗言踏上了归国之路。碰巧有船返回日本，空海决定搭乘此船回国。当然，是在获得大唐中央政府的批准后才离开的。

但是，空海并未获得日方的批准。他是一名以20年为期限的留学僧，日本朝廷也是以此为条件将他送往大唐的。因此，擅自缩短留学时间提前回国，违反了规定。但是对空海而言，信守师父惠果的遗愿远比遵守朝廷规定重要得多。

不料，途中遭遇暴风雨，空海一行被迫临时停在五岛列岛中的福江岛。到了806年（日本大同元年）10月才抵达博多港。然而，空海却被勒令留在太宰府的观世音寺，直到3年后平城天皇让位，才允许入京。归根结底，是因为没有遵守留学20年之期提前回国的问题。

直至809年（日本大同四年）平城天皇退位，嵯峨天皇即位后空海才得以入京。终于，他获准入住京都的高雄山寺，从此以这里为据点开坛讲法。

## 空海与最澄

早一步归国的最澄虽然僧位更高，但在密教方面却一直视空海为上位。回国之后，空海把从大唐带回的典籍、佛像、佛画、法具的由来和意义编纂成一本目录，即《御请来目录》，这被称为空海改变原定20年留学期限而提早回国的辩护书。里面写道："取得如此成果，该学的已全部掌握，故提前回归祖国。"

最澄读后，立即大加赞赏。通过阅读此目录，他发现与自己在中国浅尝辄止的密教截然不同，空海学成带回的才是正宗的密教。这本目录流传至今，现在珍藏于京都东寺，被认定为日本国宝。从那之后，最澄便经常向空海借阅密教典籍，学习密教知识。

就这样，空海与最澄的真挚友谊维持了许久。811年，最澄请求空海传授密教，空海欣然同意了。翌年，即812年，空海在高雄山寺开坛灌顶，受戒者当中就有最澄与其弟子的身影。

由于接受了空海的灌顶仪式，这就意味着最澄成了空海的弟子。

然而，也许因为最澄太过忙碌，所以把最重要的弟子留在空海门下，自己则返回了比叡山。

最澄门下有位名叫泰范的弟子，曾跟随最澄在比叡山修行。后来因为同门弟子猜疑他行为不端，最后无奈下山。

而最澄深知，泰范是品格出众之人，便写信邀请泰范一同接受空海的灌顶仪式，于是泰范也参加了。在最澄返回比叡山之后，泰范依然留在空海门下继续修行。

后来，最澄希望这名优秀的弟子回到自己身边，于是再三写信敦促。或许他是希望从泰范那里学习空海传授的知识吧。但是，泰范是因受到猜疑才离开比叡山的，因此并不想回去。而且，在接受空海教诲的过程中，泰范越发感受到学习真言密教的快乐。

然而，面对自己敬仰的师父（严格说是前任师父）最澄的请求，却又无法置之不理。一筹莫展的泰范最后找空海商量。

最后，空海给最澄写了一封信，此后泰范便正式归入空海门下学习真言密教了。自古以来就有人将这件事解读成"空海抢走了最澄的弟子"。但是，空海根本没有这样做的理由。事实上，是泰范自己选择留在空海的门下。

虽然"空海夺最澄之徒"有些耸人听闻，但也可以理解人们为何这样猜测。原本空海与最澄交情甚好，常常借阅书籍（空海借给最澄），但从某一时期开始，两人几乎断绝了关系。

这也事出有因。

813年（弘仁四年）11月，最澄写信向空海借阅《理趣释经》一书。《理趣释经》是惠果之师——不空大师对般若经典（即真言宗的核心经典）《理趣经》所著（所译）的注释。不空是惠果之师，对空海而言就是真言密教师父的师父，是一位至关重要的人物。

这次，空海直截了当地拒绝了最澄借阅书籍的请求。普遍认为，空海之所以拒绝，是因为真言密教的本质在于实践（师父直接传授三密，即身口意），而最澄却想通过阅读经典达到参悟，空海无法容忍他的这种态度。

《理趣经》与其他经书略有不同，对人的"性（sex）"持肯定态度。当然，这里面蕴藏着深刻的含义。但只从字面来看，容易解读为"歌颂性行为"，所以才必须直接跟师父学习（直接传授）（这也是密教之所以称为密教的原因）。因此，倘若只靠文字来学习《理趣经》及其注释《理趣释经》，是无法参悟其中奥义的，而且一旦这些文字在世间流传，后果将不堪设想。出于这种考虑，空海才干脆利落地拒绝了最澄。

这封拒绝信收录在空海的诗文集——《性灵集》当中，今天我们依然可以读到。信中采用古汉语，思路清晰地（也许有人认为他过于爱争辩）表达了拒绝之意，可以感受到空海坚定的决心与强劲的气魄。

还有许多人注意到最澄在此事发生之前刚刚写了《依凭天台集》一书，阐述了天台宗的绝妙之处，还说其他宗派都是对天台宗的效仿。甚至对真言密教祖师之一的不空大师颇有微词。空海读后，内心定是怒不可遏。

即使抛开个人情感来说，原本《理趣释经》就是不空所著（所译），而最澄在《依凭天台集》中批判不空之后，又要借阅、学习不空的著作，空海认为这不合情理，也是理所当然。或者，连《理趣释经》都未曾读过就大肆批判，空海对此深感震惊，认为"事到如今再借给你也无意义"，也很正常。

无论原因是什么，总之原本亲密无间的空海和最澄确实因此事绝交，从此分道扬镳。

## 日本真言密教的创立与社会活动

此后，空海为在高野山上建设金刚峰寺投入了全部心血，同时笔耕不辍，完成了真言密教的哲学体系。

821年，赞岐国郡守诸人上奏朝廷，请求为"满浓池"（日本最大的灌溉池，现位于香川县）筑堤。这个贮水池已经决堤三年，筑堤工作毫无头绪，奏章中恳请当地出身的空海出任监工。

或许有人认为让密教僧侣负责监督筑堤工程是"门不当户不对"。但在过去，僧侣参与土木建设的例子并不少，行基等人也曾不遗余力地投身农田开垦、治水架桥等社会活动。大概是因为僧侣不仅博闻多识，精通各种技术，而且广结善缘，与各专业人士交往颇深。同时又具有号召力，擅长召集劳动者。

在长安留学期间，空海见识了印度传来的有关土木建设的最新技术，他运用所学知识，还召集动员了众多劳动力，成功修复了这个日本自古以来最大规模的农用贮水池——满浓池的堤防。

823年，朝廷赐京都东寺（教王护国寺）作为真言密教的道场。有人称真言密教为"东密"，就是"东寺密教"的意思。

828年，在东寺东侧设立了私立学校"综艺种智院"。当时的教育机构就是空海曾经入读的大学寮和一些地方性的国学学院而已，只有贵族或郡守子弟等少数人可以入学，而"综艺种智院"则对所有庶民开放，可谓一所划时代的教育机构。

空海一定想在"综艺种智院"里对自己就读大学寮时发现的问题进行改善。实际上，这所机构所教授的内容不仅包括当时作为主流思想的儒教，还包括佛教、道教等各个派系的思想与学问。

830年，空海撰写了《十住心论》(后文专栏中也会讲解)，针对真言密教与其他宗派的区别，将人的生活方式、思想境界分成十个层次并做了详细的阐述。此书是受天皇之命而著，因此空海总结了各宗思想，成书后进献天皇。

## 晚年的空海

从这段时期开始,空海变得体弱多病。831年,他以身体不佳为由,请辞大僧都(僧官名)一职,因天皇诚挚挽留而未能如愿。于是,空海继续殚精竭虑,全力以赴地普及发展真言密教。据弟子实慧记录,无论出门还是在家,空海都不遗余力地为众人传授密教、灌顶受戒。

而且,大概是想远离都市的喧嚣,空海移居到了高野山。实慧记录道,空海从那以后开始辟谷,钟爱坐禅。

到了835年3月21日,62岁(虚岁)的空海入定(意思是进入永远的冥想)。

空海被称为"弘法大师",这是入定之后,921年醍醐天皇所赐的谥号。"大师"是朝廷赐予得道高僧的尊称,在日本历史上,首位得此尊号的是866年获赐"传教大师"的最澄与获赐"慈觉大师"的圆仁。如今,"大师"一词似乎成了"弘法大师"空海的代名词。

大师的真言密教流传至今,香火不减。以高野山和东寺为首,由各地"大师"薪火相传。

# 专栏　关于《十住心论》

永田良一

830年，空海著写了《十住心论》一书。

空海认为人心是瞬息万变的，为了引导人心向好，他总结了十住心论。将人心分为十个层次，即"十住心"，并对每个层次进行了阐述。若不亲身实践密教修行是很难理解这一理论的，但从阅读本书的角度来看又甚为重要，因此我决定参考我的导师——惠观大僧正的著作《弘法大师空海〈十住心论〉磨炼心境·圆满本心》（池口惠观 著，KKLONG SELLARS出版社），用现代语对其概要（精髓）进行解读。

首先，十住心可分为"芸芸众生住心"和"佛法慧根住心"两大类。芸芸众生住心又被称为"世俗三住心"，对应第一～三层次，代表尚未皈依佛教的普通人的心境。

佛法慧根住心分为小乘佛教与大乘佛教两大阶段：小乘佛教住心对应第四、第五层次，大乘佛教住心对应第六～十的五个层次。下面分别介绍一下各个层次的住心。

## ◇第一住心：知晓心处黑暗

生而为人却纵欲而生的阶段。

恣意妄为，如我所愿则相安无事，若不合心意，即使诉诸暴力也要固执己见。

与此同时，由于深陷想得到一切而不能的苦恼之中，精力已被自我侵蚀殆尽，根本无暇顾及他人。既不知欲望之意，也不知如何调整。还表示身处黑暗世界，无法区分善恶而茫然自失的状态。

空海将此心境解释为：仿佛羝羊一般执着于食欲与性欲，纯粹依本能而生。

### ◇第二住心：善心的预兆、皈依我佛的起点

拥有"人生于世，不得烦扰他人"的伦理观，刚刚体会到与人分享喜悦的美妙。

领悟到善行使人快乐，并反复坚持善行。如同优秀的音乐家通过演奏乐器，为听众的心里照进一丝光亮。

此外，空海还强调了遵守五戒（仁、义、礼、智、

信）与十善戒（不杀生、不偷盗、不邪淫、不妄语、不绮语、不恶口、不两舌、不悭贪、不嗔恚、不邪见）的重要性。对于这种心境，空海解释道：即使愚笨的少年，只要有良师指导就可以做到审慎自省，心生施与他人之念，遵行伦理之道。

十善戒按身口意（身——身体动作；口——语言活动；意——精神）分为以下几类：

## 【身业】

不杀生：不杀害生灵。

不偷盗：不窃取他人之物。

不邪淫：不发生违背道德的性关系。

## 【口业】

不妄语：不说谎。

不绮语：不花言巧语。

不恶口：不诋毁他人。

不两舌：不一口两舌。

【意业】

不悭贪：不贪得无厌。

不嗔恚：不无端发怒。

不邪见：不坚持错误的观点。

## ◇第三住心：祈祷之心觉醒，以初心通往天界之道

基于自己的人生经验，害怕死后世界和天灾人祸，因畏惧而萌生宗教之心，试图达到安心境界。

空海道:"这是经历人生苦恼之后对宗教的觉醒阶段。宛如婴孩依偎在母亲怀中而不知人间疾苦,又似牛犊依赖着母牛而安心闲适,开始向宗教寻求慰藉。"

这个阶段的宗教主要指道教、婆罗门教、印度教等佛教之外的宗教。

## ◇第四住心:领悟自我的实体本不存在

听闻佛陀声教而证悟的出家弟子被称为"声闻"。每日诵读经典,在生活中体验佛教。日积月累,逐渐发现肉眼看不到的存在,意识到佛教的无常观。但空海指出,这并非开悟。

通过以冥想为主的修行,进入一种超越身心感觉的平静"虚空"状态,这就是声闻悟道的成果。悟,即不安与恐惧的消失。空海认为,事物的本质实际并不存在，人与万物只是在保持一种假象。第四住心是这一佛教意识的第一阶段。

这是自身开悟的阶段，也是修行的必经之路，属于小乘佛教。

## ◇第五住心：领悟一切生于因缘

因缘将会成为一种契机，因机缘而开悟即缘觉。进入这一层次之后，领悟到一切事物皆生于因缘，摒弃自己根源上的无知，摆脱迷茫的世界，独自进入悟道的世界。

在这一阶段，认为远离烦恼即可解脱，独自脱离世俗而投入修行当中，进入一种宁静的境地。虽然领悟到斩断自己迷思的方法，但只能独自领悟，不能向他人说法（大乘），仍属于小乘佛教的阶段。

大乘佛教中的"大乘"意为"巨大的交通工具",与独自乘坐小舟到达开悟境界的"小乘"佛教不同,大乘佛教是众人共同乘坐一艘巨轮进入开悟境界。

当然,空海的真言密教宣扬的是"拯救众生(众生一同乘坐巨轮进入开悟境界)"。

思考时是站在"被救"一方还是"救人"一方,结果大相径庭。

这一角度对把握空海与真言密教乃至整个佛教来说都是极为重要的。

## ◇第六住心:爱一切生命之心,生大慈大悲之念

登山途中,眼看绳索即断,悬于半空之时,为拯

救他人而自行割断绳索，最终坠落悬崖。这是为救同伴牺牲己命的故事。再看另一边，巨轮即将沉没，登上救生艇的人为了自救而拒绝他人上船。两个故事中，前者与后者的心境有着云泥之别。

第六住心阐述拯救他人之心，禁戒利己，倡导利他。换言之，心生慈悲之念，达到"不仅要自救，还要救众生"的高尚境界，属于大乘佛教的最初阶段。

所谓慈悲之心，是与他人共生于安心境地，与他人共同分享喜乐。

## ◇第七住心：领悟世俗一切皆为幻象

空海教导我们：从整个生命来看，世上的一切事与物都是假象。因此，执着于此并与人争夺、互相伤害是何等愚昧无知之事。生命的根本在于大日如来

（大宇宙、大生命体），切不可执着于肉眼所见之物。

空海还说，以"苦"的形式存在的现象也是假象，最终会随着心境的变化而改变。苦的真实面目是感觉苦痛的内心。

若要让苦烟消云散，须将心中感受苦的波动变成"乐"，唯有将内心之苦转化成对他人之爱，拥有慈悲之心才能获得醒悟。

有多少苦，就有多少悟。明白心境是自然天成，回归本心原点，追求"空"这一自由境界。

## ◇第八住心：一切生灵，身心本来清净

我们每个人都有一个小宇宙，与大宇宙——大日如来相互感应。当小宇宙无限扩大，就会成为大宇宙（大日如来）。换言之，我们的生命如同在宇宙暗处闪

烁的明星。而且，正因有暗处才能看到光辉。

试想盛开于泥沼（泥沼即贪、嗔、痴）中的白莲，虽扎根于泥沼，漂浮在混沌肮脏的水中，却依旧保持洁白清纯的姿态。白莲的绽放需要泥沼的支撑，也需要污水的滋养。空海告诉我们，认为泥沼肮脏的想法本身就是错误的。面对一切，都应接受其原本的姿态。

所谓菩提（觉悟），即知晓内心本来的面目，并且悟到一切现象皆为真理。进入这一住心，领悟万物皆为真理本身，一切原本都是清净的。

## ◇第九住心：迷茫之心波动不止，故无法领悟本心

到达第九住心时，只剩一步即可大彻大悟。然而，这最后一步才万分艰难，此时绝不可疏忽。这一住心

就是告诫我们不要犯这"最后的疏忽"——误以为自己已经登峰造极了。换句话说，转换心态和保持从容很重要。

以人之喜为己之喜，己之喜便会增多。同时，不断挑战自己的极限，便可走向成功。争执和敌对都是因为心胸狭窄，应当拥有足以包容他人思想与情感的宽广胸怀。

空海告诫我们，真正的本心无边无际，能容纳不同之物。

## ◇第十住心：宝库大门开启之时，领悟此心无垠

断舍离诞生于变化激荡的现代，若夹杂感情则很难付诸实践。毕竟人性本如此，对于舍弃还能使用的物品

都有抵触心理。于是全部保留下来，导致家里泛滥成灾。

一切皆为佛的旨意，我们应当重新审视自己珍惜物品的心境。若要珍惜物品，首先要思考是否珍惜自己的本心。

生命在于运动，包括思想运动、心灵运动与身体运动。运动过度将引起失控，运动不足将导致滞涩，唯有掌握平衡才能生存下去。

烦恼是生命力的另一种形式，若视为恶事而企图消除它，这种执着反而会引发新的烦恼。若萌生欲望就如实接受，并认真磨炼辨别之心。若欲望超出本心的承受范围，那就扩展本心的容量。那么，欲望将安居在心中，化作生存的动力。

空海教导我们，人的心态形形色色，若能明白本心的根源并改变心态，便可从阴霾中逃离出来。这就是真言密教的最高境界。

在十住心当中，第五住心与第六住心乃是小乘佛教与大乘佛教的分界，这之间存在巨大的差异（分水岭）。从第一住心到第五住心以"自己被救"为目标，从第六住心开始追求"拯救他人（众生）"。

一般人仅凭诵读佛经是无法理解第六住心以上层次的，事实上我自己也尚未达到。上文是借用导师惠观大僧正之言进行讲解的。作为一介凡人，先以第六住心为目标，不懈修炼下去即可。

惠观大僧正经常教导我说："若遭遇苦难，就当作对智慧的考验吧！若成功了，就视为上天的恩惠，与他人一同分享吧！"此外，我的一位同乡、也是我敬重的前辈——京瓷荣誉会长稻盛和夫先生曾说："人在诞生之初，都如同一块宝石的原矿石。只有经历后天打磨，才能拥有璀璨宝石般的高尚人格。至今我所遇到的伟大人物全都经受过这种考验。换句话说，苦难才是磨炼自己的机会。"（见图2）

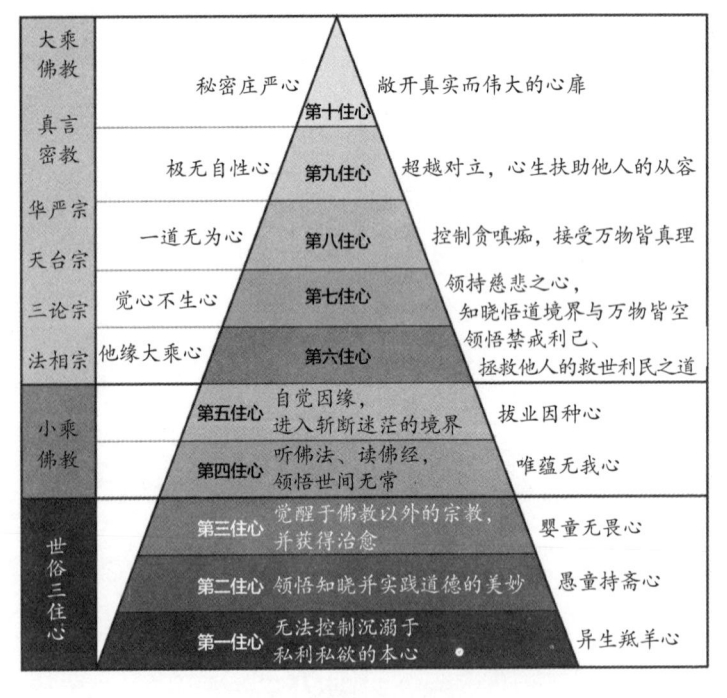

| 分类 | 住心 | 描述 | 别名 |
|---|---|---|---|
| 大乘佛教 真言密教 | 第十住心 | 秘密庄严心 | 敞开真实而伟大的心扉 |
| 华严宗 | 第九住心 | 极无自性心 | 超越对立,心生扶助他人的从容 |
| 天台宗 | 第八住心 | 一道无为心 | 控制贪嗔痴,接受万物皆真理 |
| 三论宗 | 第七住心 | 觉心不生心 | 领持慈悲之心,知晓悟道境界与万物皆空 |
| 法相宗 | 第六住心 | 他缘大乘心 | 领悟禁戒利己、拯救他人的救世利民之道 |
| 小乘佛教 | 第五住心 | 自觉因缘,进入斩断迷茫的境界 | 拔业因种心 |
| 小乘佛教 | 第四住心 | 听佛法、读佛经,领悟世间无常 | 唯蕴无我心 |
| 世俗三住心 | 第三住心 | 觉醒于佛教以外的宗教,并获得治愈 | 婴童无畏心 |
| 世俗三住心 | 第二住心 | 领悟知晓并实践道德的美妙 | 愚童持斋心 |
| 世俗三住心 | 第一住心 | 无法控制沉溺于私利私欲的本心 | 异生羝羊心 |

图 2 秘密曼荼罗十住心论

第三章

断舍离的精髓与空海生活方式的真谛

# "为何无法舍弃物品"
## ——来自断舍离的建言

### 物质泛滥的环境,是反映内心的明镜

看到"断舍离"一词,大家会联想到什么呢?

"不就是扔东西吗?"

"东西少了就容易整理了呗。"

大概以上印象比较深刻吧。没错,完全没错。虽然没错,但不完全正确。

断舍离是扔东西,但又不是扔东西。

断舍离是整理，但又不是整理。

准确说，断舍离并不只是"扔东西"和"整理东西"。

其实，断舍离是一个审视自己与物品关系的过程。在此过程中，必须仔仔细细地观察自己的内在与内心。

为何无法舍弃物品？原因大多不在于物品，而在你自己的内在与内心当中。一个物质泛滥的环境，其实就是一面反映你内心的明镜。

在断舍离中有这样一句话："环境调和则内心调和，内心调和则环境调和。"若要究其原因，我也无法给出一个逻辑严密的答案。但是，从过往的经验来看，如果一个人住在物质泛滥的房间里，原因一定潜藏在他的心里。若能坚定地实践断舍离，下定决心舍弃物品，把房间打扫得一尘不染，那么，过去心里的疙瘩、芥蒂就会烟消云散。如果心里不再有芥蒂，始终保持调和的状态，从此以后就不会再积存物品了。

若每天都能时刻体会到环境与心境互为表里，也许就是断舍离吧。

# "心若存污秽，环境也混浊"
## ——来自空海生活方式的建言

## 心与环境是一个整体

空海在《性灵集》中写道："夫境随心转，心垢则境浊；心逐境移，境闲则心朗。心境冥会，道德玄存。"

翻译成现代语是：环境随心而变，如果心存污秽，环境亦会混浊；反过来，心也为环境所左右（身处混浊的环境，心也会变混浊），若环境闲适，心也会明朗。心与环境浑然一体，世间真理及其影响就存在于其深处。

这与断舍离的境界确有相通之处。

断舍离通过调和环境从而达到内心的调和。杂乱无章的房间、物品泛滥的家都是人心状态的投影。因此，通过整理房间或置身于一个井井有条的房间中，即可实现内心的调和。

**梳理内心的环境**

还有一点，梳理内心的环境也很重要。

我们每天都要做出各种判断，然后决定要采取的行动。很多人认为，每天竭尽所能做出更多的判断，然后雷厉风行地完成工作，这就是精明能干的表现。实际上，选项越多就越难选择，而选择这个行为本身就非常消耗精力，容易使人陷入"决策疲劳"的状态，最终导致无法做出正确的判断。因此，必须减少"判断"的次数。

例如，如果拥有过多的衣服，忙碌的早晨就会为穿哪一件而犹豫不决。一日之计在于晨，在原本朝气蓬勃的时光却把精力消耗在选衣服上了。

世上的成功人士每天都穿着相同的衣服，就是为了减少判断的次数以节省精力。

穿什么？吃什么？这些都是微不足道的小事，无须过多思考。应当极力减少做决定的次数，在决策次数上实施断舍离，以便发生重要事情时可以做出正确的判断。

空海认为内心与周遭环境互为表里，而断舍离主张环境调和则内心井然。从这一点来看，说这两种思想同根同源也不为过。

## "断舍离并非舍弃一切"
—— 来自断舍离的建言

### "断舍离"与"极简主义"的区别

听闻很多朋友眼中的"断舍离"之后,发现存在一个很大的误解,认为"断舍离就是扔掉所有东西"。随着"断舍离"一词的流行,越来越多人认为"断舍离"就是"扔东西"(虽然没错,但不完全正确),这种误解也一同流传开来。

事实上,"断舍离"是通过"舍弃物品"的行为打造一个舒适的居住空间,同时令心情愉悦舒畅。因此,在初始阶段理解为"断舍离"就是"扔东西"也无妨。

但是,如果认为"断舍离就是扔掉一切,只留最小限度的必需品生活",那就大错特错了。这并非"断舍离",而是"极简主义",实践这种思想的人是"极简主义者"。断舍离的思想与极简主义截然不同,下面介绍一下两者到底有何差异。

前文提到极简主义者主张"不管三七二十一把一切统统扔掉"。何止保留"最小限度"的物品啊,简直连"必需品都不剩"!因此,可以说极简主义者追求的是"空无一物"的状态。

断舍离并不提倡这种状态,而是主张只在身边放置精挑细选的"称心"之物,以此打造一个令人心旷神怡的居住空间。

一方主张"舍弃一切",而另一方追求"精挑细选的称心之物",两者对待物品的方式和观念有着本质的区别。

断舍离向那些苦于"房间里物品泛滥而无法整理"的人提出了这样的建议：先挑选出真正称心的物品，剩余那些"并不称心"的，何不扔掉呢？

然而，想挑选出称心之物并非想象中那么简单，需要下定决心才行。但是，即便刚开始很难做到，只要一步步坚持下去就会逐渐得心应手起来。挑选出真正中意的物品并舍弃其余者，就可以生活在称心之物的怀抱之中。

断舍离正是为了创造一种被称心之物所围绕的生活。

**为何物品会泛滥成灾**

现代社会物质泛滥。在这个大量生产、大量消费的时代，几乎没有人能做到不买东西而生。即便在寻常生活中，物品大潮也会汹涌袭来。

因此，从某种意义上来说，家里物品泛滥是个无可奈何的正常现象。虽说如此，但我们也不能无动于衷。如果已经多到无法整理，再也无法忍受这般杂乱的环境了，那就必须对这些蜂拥而至的物品采取对策了。

断舍离建议只保留精挑细选的称心之物，除此之外还有各种各样的战术来抵抗那些纷至沓来的物品。例如"限制总量"战术，有一物来，就让一物去，保持所持总量是固定的。生而为人，则无法摆脱物欲。既然问题只是在于"物品过多"，那就把总量控制在一定范围内。

说起来可能出人意料，其实我非常喜欢买衣服。每当喜欢的品牌发来广告，我都不由自主跑到店里一探究竟。旅途中若看到漂亮衣服，也常常忍不住冲动消费。

但是，我一定会遵守总量原则。每买回一件称心如意的衣服，就会相应地舍弃一件（其实有时一口气舍弃好几件）。舍弃曾经中意的衣服需要很大的决心，但在舍弃之前我已经充分享受了它带给我的快乐，而且还能迎来一件新朋友，因此我会毅然决然地放手。

极简主义者似乎否定的是物欲本身，而断舍离并非如此。它并不否定物欲，而是提倡巧妙地控制欲望，以便过上舒适的生活。

**被精选的称心之物包围的舒适生活**

试想一下，被精选的称心之物所包围的生活，与物品泛滥、鱼龙混杂的生活有何不同呢？显而易见，当然前者更舒适。为了更形象地说明这一点，我常把所持物品的集合比作"体育队"。

据说几乎所有的体育队都有首发队员和等候中途出场的替补队员。而且，大队伍还分为第一阵容和第二阵容，规模再大一点的甚至还有第三、第四、第五阵容。

被精选的称心之物所包围的生活如同仅由第一阵容甚至是首发队员组成的队伍。但在物品泛滥、鱼龙混杂的生活中，不仅有第一阵容的首发队员，还掺杂着第二、第三甚至第五阵容中的替补队员。而且，作为教练的你根本分不清谁是第一阵容，谁又是第五阵容。

在这种状态下，到了一决胜负的时刻能发挥出真正的战斗力吗？当决胜之机降临，该把击球手送去代打时，如果教练分不清谁是第一阵容谁是第五阵容，是不可能正确发号施令的。在关乎成败的绝杀时刻，本想派出第一阵容的王牌，结果却派出第五阵容的候补。在这种状态下，谈何胜利呢？

相反，如果组成一支只有第一阵容的队伍，无论派出哪一个队员都是王牌，战斗力绝对不会严重下降，且在一决胜负的关键时刻总能带来精彩绝伦的比赛。

断舍离并不否定物欲，而是提倡巧妙地控制物欲；断舍离也不主张舍弃一切，而是建议精选真正心仪之物。审视自我与物品的关系，以"此时""此处""此身"为轴心，判断物品的"必要性""适宜性"与"舒适性"。

如果这样看待断舍离，行动起来会变得轻而易举。

# "不必舍弃欲望与烦恼"
## ——来自空海生活方式的建言

## 断舍离与求不得苦

现代社会物质泛滥。但纵观历史,人类曾长期生存在物质匮乏的饥饿当中。于是,一直以来我们都在思考如何提高生产力,如何为更多的人送去食粮与生活必需品。

从这个角度来看,物质泛滥是实现富裕生活之后的状态,是实现人类长久梦想之后的状态。

然而,人类在获得丰富的物品之后,不仅没有感到满足，反而奢望得到更多，欲望无限膨胀，甚至连那些不知道是否需要的东西也想收入囊中。身边的无用之物已经泛滥成灾，却仍在强烈欲望的驱使之下不断索取。

与此同时，世界上有很多国家仍深陷贫困之中，孩子们因饥饿而朝不保夕，但真正在努力帮助他们的人却寥寥无几。

佛教中有"四苦八苦"一词，在现代文中被当作熟语使用。意思是，人生本来有"生老病死"四种苦，再加上"爱别离苦""怨憎会苦""求不得苦"和"五蕴盛苦"，总共有八种苦（"苦"意为"无法逃脱的痛苦"）。但凡活在世上，就无法逃脱这些苦。

"生老病死"相信大家都能理解，其余四种苦也许需要稍加说明一下。

"爱别离苦"指的是与所爱之人离别之苦；"怨憎

会苦"指的是与怨恨之人相见之苦;"求不得苦"指的是想得而得不到之苦;"五蕴盛苦"指的是执着于身心、不如所愿之苦。五蕴包括色、受、想、行、识,翻译成现代语就是物质、感觉、记忆、意志、知识。

其中,与断舍离关系最大的就是"求不得苦"。如前文所述,"求不得苦"指的是"因得不到所求之物而感到痛苦",其实并不是单纯因得不到而痛苦,而是得到之后还想得到更多,苦于这种无穷无尽的欲望。

在这个物质泛滥的大消费时代,尤其是日本这样的发达国家,相比那些因得不到必需品而感到痛苦的人,更多人是虽然已经拥有了必需品,心里的物欲仍然不断涌出,导致自己深陷在这种"求不得苦"当中。

为"求不得苦"照进一丝光明的就是山下英子女士的断舍离。断舍离提倡精心挑选,同时直面自己,以自己为标准精选物品。通过断舍离,就可以放下对物品的执着。

"求不得苦"是因为对物品的执着而痛苦,那么,断舍离就是为了从"求不得苦"中解脱出来。

空海的座右铭是"济世利民"。

意为"挽救天下,拯济百姓"。而断舍离正是为了拯救物质泛滥的现代社会,为世人带来丰盈的心灵,而非丰富的物质。

**不必舍弃"欲望"**

山下英子女士在前文中阐述了"极简主义"与"断舍离"的区别,其实,无论是佛祖还是空海都未曾提倡"舍弃欲望"或"斩断烦恼"。

归根结底,人是无法彻底摆脱欲望与烦恼的。如果完全斩断了食欲、睡欲等生存所需的生理活动,人会变成什么样子呢？大概生命将不复存在了吧。面对欲望与烦恼，我们不应该试图舍弃，而应减少到自己可驾驭的程度，然后准确地加以控制。

断舍离不提倡斩断一切物欲，而是建议精心挑选物品，减少至可控的数量之后牢牢地掌控住。

说句失礼之言，通过山下英子女士的介绍来看，似乎"极简主义者"正在向彻底舍弃欲望与烦恼的方向努力。但在现实中这是不可能的，因为否定了人类的本性，说不定反而会导致更多的"求不得苦"。

## 持"大欲"

前文介绍的《理趣经》中有这样一句话："大欲得清净，大安乐富饶"，意思是"持有净化过的清澈纯净的大欲望，将引人进入丰裕富饶无比安乐的境界"。

要彻底理解大欲望（大欲），需要经过漫长的岁月与体验（修行）。在此只浅显易懂地讲一讲。

首先，密教并不否定欲望。执着于自我——"我执"，是人类本来的面目。试想，当参加孩子的运动会、发表会的时候，家长们都会先给自己的孩子加油打气吧？这是自然而然的行为，是人类的本性，我们并不否定人类重视自己与家人的本性。

但是，不要止步于自我，还要珍惜亲朋好友、左邻右舍、就职的公司以及居住的街道，还有自己的祖国甚至全人类，这种愿望就是"持大欲"。人必须要积累这样的欲望，只有当自己欲望堆积如山，才能达到持大欲的境界。

换言之，以自我为中心，能与自己保持的距离越远，则"大欲"的境界越高。我的密教导师曾经教导我："要心怀八千八百万的欲望"。

在现实当中，一般人所怀的欲望最多不过千数。若超过这个数字，那此人一定远远地超越了自我，心系着成千上万的他人。

当然，要实现这种大欲，必须通过不懈的努力并忍受随之而来的苦恼。如果坚信这些苦恼能使人成长，即可通向无比安乐的境界。

另一方面，如果所定的目标过高，即使竭尽全力纵身一跃仍无法企及，或者必须连续几个阿克塞尔三连跳才能触碰到，而且还需要长期坚持。这种目标如此难以实现，那达成目标的执着心也会逐渐消磨掉。

归根结底，究竟应当执着于什么呢？换句话说，如何定位自己的目标呢？其实，只要是踮起脚尖就能触及的高度就不会太吃力。而且，为了得到而做出努力，既能获得成长还能为社会做贡献。

因此，可以先从小事做起，设定一个可以轻易实现的目标,然后再持之以恒地坚持下去。

例如,乘坐电梯时为后面的人开门、开车时为他人让行、遇到有难之人就上前帮一把、获得有用的信息就分享给朋友,这种微不足道的小事也无妨,我们力所能及的事情有很多。

空海曾说:"积累小小的善行,会把我们引入安乐之境。"

事实上,如果认识到这些行动原本就是欲望的表现,那就可以客观地观察自己的行动。再进一步,如果可以不假思索、自然而然地做出这些善行,那我们的心境也会得到升华。

# "向众人传播断舍离之大欲"

## ——来自断舍离的建言

### 断舍离与大欲小欲

永田良一先生讲到"大欲"和"小欲",这与我走过的"断舍离"之路是相通的。

如第一章所述,断舍离源于我修炼的瑜伽(冲道瑜伽)中的"断行""舍行"和"离行"。应用于房间和空间的整理上,就成了"断舍离"。

我过去并不擅长整理,而且同住一个屋檐下的婆婆喜欢攒东西,因此家里堆满了物品。

最初，为了改善自己的居住空间，我开始实施断舍离。尝试之后，意外地发现我不仅获得了舒适的空间，而且明白了自己与物品的关系。不只是对物品，对自己也有了新的认识。

如果满足于此，恐怕会在为自己打造舒适的生活空间这个"小欲"之后止步。但是，我的欲望并未因此得到满足。我想让更多人体会到我总结的"断舍离"经验，让更多人探寻舒适的空间以及自我与物品的关系，以此让更多人过上愉悦的生活。

于是，我开始举办"断舍离讲座"，最初是一个只有寥寥几人的聚会。但开始之后，参加者纷纷向我表示感谢："家里收拾整齐了""家里东西少了，生活变舒适了"。听到这些话我欣喜不已，直至今日"断舍离讲座"仍在进行中。

此前我并没有意识到自己心情的转变。自从聆听了永田良一先生的教诲，才发现原本认为只要自己实施断舍离就好的"小欲"断舍离，通过开始举办"断舍离讲座"，转变成"大欲"断舍离——向更多人传播断舍离的魅力，让更多人因断舍离而过上愉悦的生活。

将断舍离与密教中的"大欲"做比较未免自不量力，而且"路漫漫其修远兮"，但二者在根源上也许有相通之处。

## 领悟大欲的断舍离导师

提到"大欲"和"小欲"，这与"断舍离导师制度"的想法颇为相似。"断舍离导师制度"是面向接受"断舍离导师课程"的学员，由我和现役导师通过面试或登门拜访，授予他们"断舍离导师"资格的考核形式。有了这种资格，就能以"断舍离导师"的名义举办"断舍离讲座"和名为"断舍离畅谈会"的沙龙。

简言之，就是断舍离的官方传道士。

在接受课程之前，这些断舍离导师都是自愿来学习断舍离的学生。不久前还在参加我的讲座，学习如何实践断舍离。

他（她）们过去为了让自己做到断舍离（小欲）而不懈努力，达到一定水准之后，开始"希望向他人传递其中的美妙之处""让更多人品尝到愉悦的生活"（大欲），于是决定成为一名断舍离导师，把断舍离教给他人。

也许在他们当中，有些人会在某个阶段进一步升华，萌生出"想让更多人了解断舍离""想让更多人通过断舍离过上幸福生活"的念头。

我认为，这就是对"大欲得清净，大安乐富饶"的实践。

# "从小乘佛教,到大乘佛教"
## ——来自空海生活方式的建言

### "十住心"与断舍离导师

本书专栏中介绍了空海的"十住心论"。站在"十住心论"的角度来看,山下英子女士自己开始实践断舍离属于第三或第四住心,宗教心开始萌芽,迈出了通向悟道的脚步。

此后,她在断舍离的道路上继续前行,不断磨炼自己、精益求精,通过断舍离改善自己的居住环境之后,上升到第五住心的境界。

如前文所述，第五住心之前属于独自悟道的小乘佛教阶段，从第六住心开始便进入拯救他人、使他人悟道的大乘佛教。

山下英子女士并未满足于改善自己的居住环境，而是通过断舍离讲座的形式向世人传播断舍离，这就迈出了一大步，从第五住心上升到了第六住心。换言之，从只改善自己的居住环境这一"小乘断舍离"，升华到改善众人的居住环境这一"大乘断舍离"。

到达第六住心后又进一步升华的断舍离无疑获得了"大欲"，将帮助更多人的生活。

前文介绍了断舍离导师制度，这是从"小欲"到"大欲"的迈进，从"第五住心"到"第六住心"的升华，其视角发生了巨大的转变。

断舍离导师起初因自己无力整理房间而寻求山下英子女士的帮助，通过"修行"断舍离而得到帮助，自己受益后又去帮助其他人。

　　真心希望他们将这项以获得"无比安乐的境界"为目标的活动继续下去。

## "潜入断舍离的更深处"
——来自断舍离的建言

### 断舍离的本质在于实践

本章开头曾写道:"断舍离是整理,但又不是整理。"

或许有人不明其意,简而言之就是:"虽然要整理,但这只不过是断舍离的一个入口而已,最终要通过整理潜入更深处。"

曾经有人问我:"归根结底,断舍离究竟是什么?"如果能一言以蔽之就好了,可惜就连正在传播断舍离的我也无法简单概括，对此自己也时常感到不可思议。

听到这个问题，我一般会回答："断舍离就是整理""首先要从舍弃物品开始做起"。紧接着就想补充一句："但不只是这样。"然而，如果对那些刚刚开始实践断舍离的朋友说得过多，就会模糊了重要的部分，没等他们潜入深处就"撑肠挂肚"了。

而且，在实践"整理"和"舍弃"的过程中，下一个层次会自然而然地显现出来。这是断舍离的不可思议之处，也是美妙之处。

也许有读者会问："'更深处'究竟是什么？"

这也很难用语言形容。通过举办断舍离讲座，我发现大家起初都是苦于"整理"才来参加的，但大多数人最后都意识到其实"无法整理的原因"在自己心里。

他们将痛苦的记忆封印在内心深处，最后发现无法整理的原因就藏在那里，这种例子不胜枚举。

甚至有不少人泪眼婆娑地敞开了心扉（诉说衷肠）："如果没有遇到断舍离，大概我现在也不会意识到这一点。"

这已经超越了理论的层面，因为无论你如何苦口婆心地劝导别人"无法整理的原因就在你心里"，无论讲得多么合乎逻辑，也不会有人泪眼婆娑地敞开心扉吧。

通过亲身实践断舍离并不断坚持下去，人们开始审视自己与物品的关系，然后发觉那些埋藏在内心深处被自己遗忘的经验和执念，以及无意识当中尘封在内心深处的思绪，然后潸然泪下，开始真正地面对它们。

断舍离的本质在于实践，只有通过收拾整理这一身体活动才能体现出来。

当然，如果不认可理论就无法认真地投入行动。从这个意义上来说，理论与实践如同断舍离的两个车轮，少了哪一个都无法正常运转。据说，李小龙曾经说过："不要思考，要去感受。"于断舍离而言也许就是："要去思考，也要去感受。"

"关键就是舍弃呗！"如果只靠这种理论来理解断舍离，则一般不会顺利。唯有亲身实践"舍弃"，通过整理和舍弃去感受断舍离才能潜入更深的境界。

## "密教与断舍离的共性"
——来自空海生活方式的建言

### 密教须亲身实践

前文提到，断舍离是在理论与实践两个车轮的驱动下运转的，这与真言密教有着相通之处。

密教当然也有理论体系，但是，只通过大脑对理论的理解是无法参透密教奥义的。必须驱动自己的身体或者借助法具、持诵真言、实践密教的各种行法，才能向深层境界迈进。

## 空海与断舍离

在《空海的一生》章节中提到，空海在某个时期决定与交情颇深的最澄绝交。原因众说纷纭，其中最有力的说法是，从空海的角度来看，最澄误以为阅读经典即可参透密教。

有人评价"空海是天才，最澄是逸才"。毋庸置疑，最澄确实勤奋好学。但是在体悟密教方面，这种勤奋反而起了反作用，至少在空海眼中是这样的。

山下英子女士阐明"理论与实践"对断舍离而言也极其重要。尤其是通过"舍弃"与"整理"等身体力行的实践，可以审视自我与物品的关系，从而开拓出通向更深层次的道路。

由此可见，密教与断舍离具有极大的共性。

## "不再使用双重否定"
### ——来自断舍离的建言

**断舍离与语言**

断舍离的起点是整理收纳，但前路漫漫，还有更深的境界等着我们。甚至有人从中发现了人生的真谛，从而令人生焕然一新。

通过断舍离改变人生的人有几个共同点，其中一个便是"有意识地使用语言"。例如，我常建议人们"不要用双重否定""不要说否定的话和轻蔑他人的话"等等。双重否定指的是类似"那件事不许不做"的表达方式。

我们常对他人说"不那样做不行"。在对方听来，"不行"的语气非常强烈。即使原本想表达肯定的意思，一旦使用"不行"或"不许"来强调语气，于己于人都会感到不快。

那应该怎么说呢？例如，想说"吃饭时不细嚼慢咽不行"或"不要的东西不许不扔"时，不要使用双重否定，直接表达原本肯定的意思即可，也就是"吃饭时要细嚼慢咽""不要的东西可以扔掉"。

"吃饭时不细嚼慢咽不行"和"吃饭时要细嚼慢咽"，"不要的东西不许不扔"和"不要的东西可以扔掉"，表达的意思基本相同，但是传递给对方的感觉却截然相反。

母亲对孩子说"吃饭时不细嚼慢咽不行"时，往往带着责备的强硬语气。但是，如果说"吃饭时要细嚼慢咽"，一般不会用严格强硬的态度。而说话的目的是相同的，都是要求孩子吃饭时仔细咀嚼。（如果不是出于这个目的，而是为了释放压力故意责备孩子就另当别论了。）

如果你站在听话者一方，对方采用哪种表达方式时，你会发自内心地听从他"细嚼慢咽"的建议呢？这样一想，答案就不言而喻了吧。

双重否定不仅影响对方的心情，还会极大地影响说话者自己的情绪。事实上，说出的话在传达给对方的同时，还在潜意识当中传递到自己身上。

潜意识也在仔细聆听着自己的话语，这些话语会一点一点地渗透，切切实实地影响着自己。若长期使用"不许不做""不做不行"之类的表达方式，那么"不行""不许"等词语就会在潜意识里带来负面影响。

虽然只是微乎其微的差异，但也有可能破坏自己的情绪、扭曲自己的心灵。反过来，只需稍稍注意一下遣词造句就可以改善自己的心情和内心,既能给对方带来积极影响,还能更好地传达自己的心意。

说到这里,偶尔会有人问:"如果孩子做了危险的事或不该做的事,也不能说'不许那么做'吗?"其实,"不许那么做""不能那么做"并非双重否定,而是为了表达禁止,所以不能替换成其他说法,只能说"不许那么做""不能那么做"。

若要换个说法,还可以说"不那样做比较好"。但是,这就改变了原意,削弱了"禁止"的强调程度。严重时我们还会说"绝对不许那么做""绝对不能那么做",在这种情况下应当切实表达出"禁止"的意思。

否定句式本身并无问题,这里只是针对那些原本想表达肯定之意,而且可以使用肯定句式的情况。在这样的情况下,若不使用双重否定,于人于己都会带来积极的影响。

# "美好的语言带来美好的人生"

——来自空海生活方式的建言

## 断舍离与身口意

佛教中有"身口意"一词。"身"指身体行动;"口"指口中说出的语言;"意"指心意或想法。

对世人(众生)称之为"身业""口业""意业",统称"三业"。在佛教中则称为"身密""口密""意密"之"三密",唯有佛家的三密才是业已完成的"身口意"。空海认为,世人的三业与佛家的三密在本质上是相同的,因为芸芸众生也是有佛性的,所以归根结底并无二致。

人心所想汇成语言，最终化作行动。一般来说，未曾想过之事不可能从口中说出。心中无此念，则口不出此言，唯心有所思，口才会出此言。

语言孕育行动，若持续坚持一个行动，就会变成习惯。良好的习惯能培养高尚的人格与品性，品格高尚之人可以收获美好的相遇（良缘）。良缘将演变成决定命运的邂逅，最终使人度过美好的一生。

这就是"身口意"三密的真谛。

山下英子女士提到实施断舍离要注意所用的"语言"，这对应"身口意"中的"口"。

换言之，"身口意"认为美好的语言可以带来善行，养成良好的习惯就能引来善缘，最终获得精彩的人生。断舍离提倡"不使用双重否定"与此如出一辙。

语言和行动相互影响、互为表里。二者当中，"语言"更容易改变，更容易有意识地加以控制。只要内心有意识地改用美好的语言，那随着"身口意"步调趋于一致，行动也会向更好的方向发展。如此一来，就可以度过美好的一生。

然而，世上却有很多人故意使用刻薄、污秽、否定的语言。故意对孩子说出刻薄、污秽、否定话语的父母也大有人在，这实在太遗憾了。

使用美好的语言无须付出多大的努力，只要时刻提醒自己即可。另外，说话前要三思；要考虑对方的心情并挑选恰当的语句；要注意说话的时机。只需在日常生活中反复训练这三点，就可以养成良好的习惯。

如果心里有强烈的意识，语言和行动都会变得美好。

这是来自空海的教诲。

## 沉着冷静地控制感情

所谓沉着冷静，是一种能够保持理性而不感情用事的平和状态。无论发生什么事都能从容不迫、沉着冷静地面对。相信很多人都想成为这样的人，我也不例外。

但是在现实当中，生而为人就一定会有不公和不满、不安和恐惧、愤怒和嫉妒等负面情绪，而这些情绪会导致感情用事或不恰当的言行。如果说这是人类的本性，我们也无可奈何。既然这一本性是无法逃避的，我想在接受这个事实的基础上竭尽所能地保持沉着冷静。

通读了一些书籍后，我总结出冷静之人主要具备以下特征。

1. 客观判断力很强。

2. 人生经验丰富并充满自信。

3. 有放弃的觉悟并能迅速调整心态。

4. 随时做好接受现实的心理准备。

5. 三思而后行,避免轻率的言行。

每种特征都有具体案例为证。由此可知,成为一个沉着冷静之人的捷径,那就是对感情这一人类的本性加以控制,并把这些具体的案例融会贯通。

# "审视关系至关重要"
## ——来自断舍离的建言

## 把丈夫断舍离

断舍离始于空间整理。从自己的房间开始,不,从一个抽屉开始,然后到整个空间,进一步潜入更深奥的境界。在审视自己的内心时,若发现执着之物即可将其舍弃。

此外,断舍离还提倡审视自己的人际关系,然后做出取舍选择。这样说可能稍微有点刺耳,但实施断舍离之后人们确实会在交往方式上设定一个尺度。

在断舍离讲座上，当话题深入到人际关系时，必有学员提出"想把丈夫断舍离"的想法。这可不能算作沉着冷静的心态，甚至有人觉得把人作为断舍离的对象有点别扭。但是，每每提到人际关系方面的断舍离，一定会有学员提出这一想法。

确实，我一直告诫大家断舍离取舍物品（人际关系同样如此）的标准是"此时、此处、此身"，要符合"必要性、适宜性、舒适性"的原则。即便是过去曾经深爱之人，若以"此时"为标准考虑其"必要性、适宜性、舒适性"，也许答案已是"不必要、不适宜、不舒适"。试想，夫妻二人因为难得的缘分而相遇相知，跌跌撞撞终于喜结连理，而且共同生活在一个屋檐下，相信无论是谁都想维持一种恩爱的关系。

话虽如此，夫妻两人也各有苦衷。哪怕是夫妻关系，如果被迫和厌恶之人（变得厌恶之人）共同生活也是不健康的。而且，若因家庭暴力等原因而伴随生命危险，当然尽快做个了断为好。

但是，大部分学员都有一个共同点，那就是并未认真地审视过与丈夫之间的关系就轻易地说出"想把丈夫断舍离"这句话。（若是认真审视之后得出的结论，那么她们说出口的不是"想把丈夫断舍离"，而是"决定断舍离"或是"已经断舍离了"。）而"想把丈夫断舍离"大多并非发自肺腑的声音。

与此相比，有一种妻子的情况更加严重，她们默默地忍受着丈夫家庭暴力、拒绝养家、无所事事、吃软饭等种种劣迹。

无论是说出"想把丈夫断舍离"的人，还是默默忍受着丈夫的一无是处而暗自痛苦的人，都没有认真地审视过自己与丈夫的关系。

似乎很多人误以为"断舍离"就是"扔东西"，其实它的本质是审视自己与物品的关系。这也可以应用到审视与他人的关系（人际关系）上，许多人通过断舍离成功建立了良好的人际关系（无论结果是分道扬镳还是重归于好）。

即使那些原本厌恶自己丈夫的妻子，通过断舍离重新审视了两人之间的关系后，发现问题所在并予以修复，最后破镜重圆的也大有人在。

# "萌生一个念头：那该怎么办"

## ——来自空海生活方式的建言

### 领悟怨憎会苦

在佛教的"四苦八苦"中，有一种"怨憎会苦"，指必须与厌恶之人、怨恨之人见面而感到痛苦。

"四苦八苦"表示无法逃避、身不由己的痛苦。因此，和厌恶之人、怨恨之人相见也是无法避免的，即使心里不想见也无法如自己所愿。

山下英子女士在前文中提到"想把丈夫断舍离"的话题，可见原本真心相爱而结为夫妻的两个人不知不觉间也有可能变成对方"怨恨"的对象。而且既然是夫妻就很难做到"不见面",最终将演变成"怨憎会苦"。

如果明白人类无法逃避的"四苦八苦"中有一苦是"怨憎会苦",生活方式就会发生变化。哪怕是夫妻关系也会随着时间的推移而改变,自己也有可能成为对方"怨憎会苦"的对象。若领悟到这一点,就会萌生一个念头:那该怎么办才不会变成那样呢?

根据不同的情况有各种各样的诀窍和对策。例如,不忘关心、感谢对方;明确地向对方表达爱意;养成站在对方立场上考虑问题的习惯;等等。

## 职场也有"怨憎会苦"

"怨憎会苦"不仅发生在夫妻之间,职场中也有可能发生。我经营着一家公司，深感组织方式中也需要这种思想。如今，"黑心企业"一词流传在街头巷尾，不仅是公司本身的问题，似乎还有上级造成的"职权骚扰"和"性骚扰"等诸多问题。

社会上有不计其数的员工被迫在自己厌恶的上司手下工作，对此也许有人会说："不喜欢就辞职呗！"但是，他们费尽千辛万苦才进入一家公司，若没做多久就辞职不干了，不仅能力得不到提升，也无法保证下一家公司的上司就一定不招人厌恶。再者，能否立刻跳槽成功也是个问题。

如果上司和部下都明白"怨憎会苦"的道理，也许事情的发展会有所改变。站在部下的立场来看，"怨憎会苦"是无法逃避的"四苦八苦"之一，因此，无论去哪一家公司都会遇到"厌恶之人"。那么，在选择辞职之前就会想："反正去哪一家公司都无法逃脱厌恶的上司，与其为此纠结不已，还不如在现在的工作中找到价值，提高自己的实力。"

换言之，应该与令人厌恶的上司保持适当的距离，把精力集中在有价值的工作上。对此可能有人会说："这太难了！"但是，至少知道了"怨憎会苦"之后，就会改变对待上司、公司或工作的方式以及投入程度。

若站在上司的角度上，领悟"怨憎会苦"的效果是立竿见影的。那些天生坏心眼、喜欢欺负人的家伙另当别论，一般来说上下级之间只是工作上的关系，因此，上司的目的只不过是促进工作顺利完成而已。

如果理解"怨憎会苦"的道理，上司就会产生这样的念头："我这么做都是为了推进工作或是为了培养部下，但他却有可能在怨恨我，这可不是我的本意啊！那么，怎么做才能避免这种情况呢？"只需这一个念头，对待部下的方式就会发生转变。

若上司改变了对待部下的方法，公司组织也会随之改善。上下级不再处于相互"怨恨"之中，而是形成一种类似师徒之间的"尊敬"关系。徒弟不可能怨恨自己尊敬的师父，师父也一定会珍惜自己宠爱的徒弟。

人一旦被迫做什么事，就会产生一种强迫感，若是主动自律地去做，就会变得积极起来。所以上司不应该给部下施加"强迫感"，这样可以使工作变得富有乐趣。试想一下，一边是勉为其难地工作，一边是春风满面地工作，哪一种状态更容易取得优异的成果呢？答案是不言而喻的，当然开开心心地工作为妙。

如果取得了成果，就会对工作感到跃跃欲试。若能保持这种状态，自然而然会对培养自己的师父（恩师）心生深深的敬意。

## "从自己实践开始"

——来自断舍离的建言

### 希望家人一起"整理"的念头

在断舍离讲座等活动中,除了上文提到的"把丈夫断舍离"的想法之外,还能听到"想让丈夫(孩子)一起整理"的声音。许多人明确告诉我不想止步于自己,还"想让家人也实施断舍离"。对于这样的要求,我的答案非常明确。

"我们无法控制他人。"

没错,我们不能强迫他人行动。试想一下,如果你的家人要求你做自己本不擅长的事，你会怎么样？你会做吗？答案是一定的，一定不会做。收拾整理也是一样的，对不擅长的家人来说，再怎么要求也是无用功。

如果想让家人行动起来，应该先从自己做起。我们无法强迫他人，但是可以决定自己的行动。对于这样的学员，我会说：

"请你自己先实践断舍离，快快乐乐地实践，并向你的家人展示这种快乐。这时，你的家人大概会跑来问：'什么事做得这么开心呀？'起初你可以煞有介事地卖个关子，说：'我才不告诉你呢！'然后原原本本地教给他，把断舍离的乐趣传递给他。"

如果自己没有身体力行地实践断舍离，就无法向他人传递其美妙之处。相反，如果自己意兴盎然地实践着断舍离，周围人也会开始感兴趣，产生"看他做得那么开心，不如我也尝试一下"的念头。实际上，只是因为自己默默地实践断舍离,最后家人也加入进来的例子不胜枚举。

因此,请先从自身实践开始。

这是扩展断舍离圈子最有效、也是唯一的方法。

# "无欲则无法救人"

## ——来自空海生活方式的建言

### 为众人带来快乐的正能量欲望

如前文所述,"大欲"思想是密教的本质。

从自我拯救的"小乘"到拯救苍生的"大乘",空海为我们揭示了"十住心"的境界。但是,他并未说过"小乘不可取,只学大乘即可",也未曾宣扬"舍弃小乘,只修行大乘"。"十住心"表示心境的高尚程度,没有人可以一步登天,也没有人能越过前面的五个层次直接迈入大乘的境界。

空海告诫我们："若不先自救，便无法拯救他人。"正因如此，才应当先通过小乘拯救自己，然后再进入大乘去拯救天下苍生。

归根结底，人有欲望才会充满活力。"我想去某处、做某事、吃某物、成为某人"，内心不断惦念着某种具体的"事物"，本身就会成为活力的源泉。如果没有想要之物、想做之事，只是单调乏味地生存于世，这样的人生不能算幸福吧。

但是，如果欲望给他人造成了困扰或是需要夺人所爱，或者会破坏环境，等等，那么即使欲望达成，负能量也会如回旋镖一般返回到自己身上。

而那些不只祈求自己幸福，还不忘关心周围人、为众人带来快乐的欲望，终会变成正能量。

另一方面，对卧床不起的病人来说，与病魔抗争已经让人筋疲力尽，美味珍馐也无法下咽，连生存下去都苦不堪言。还有那些每日疲于工作，因强烈的责任心而不断强迫自己并为此深深苦恼的人，逃离这个困境已经难于登天了。如果再要求他们"持有欲望"，只会加深他们的痛苦。

如果周围有人萎靡不振，请帮助他获得欲望，哪怕再渺小、再简单的欲望也好。这不但可以助他迈出通往大欲的第一步，还会为自己带来活力。

# "收纳术就像坐跷跷板"
## ——来自断舍离的建言

## "断舍离"的发音

值得庆幸的是,随着"断舍离"一词的广泛使用,不少人因为这个词才开始有意识地整理收纳或舍弃无用之物。在使用这个词之前,无论我对谁解释都得不到理解。如今只要听到"断舍离"三个字,几乎所有人都会联想到"整理"和"扔东西"。

说起来可能有点异想天开,我认为这和"断舍离"一词发音悦耳有关。这个词由瑜伽中的"断行""舍行""离行"之三"行"合并而成，之所以能让人联想到"整理收纳"和"舍弃无用之物"，就是因为它"朗朗上口"和"发音悦耳"吧。

## 三分法

我时常发表一些不太支持"收纳术"的言论，因为如果不减少物品的总量，只是一味地在"收纳"（强行塞进空间里）上下功夫，将导致物品越来越多，收纳任务量越来越大，最终物品与收纳好像在坐跷跷板一样，时而一方占领高地，时而另一方迎头赶上。而通过断舍离减少物品的总量，就可以把收纳术从根源上断舍离（甚至连收纳神器也将成为断舍离的对象）。

有一档叫作《住宅瘦身》（BS朝日）的电视节目，

内容是走进各种各样的家庭帮忙收拾整理。参加后我重新认识到：虽然我时常否定"收纳术"，但实际上是非常善于收纳的。

这听上去像是自吹自擂，不过我觉得那些声称自己"正沉迷于收纳术"的主妇其实并不擅长收纳，如今我获得了很多向她们传授收纳术的机会。

当主妇们学会断舍离流派的收纳术之后，短时间内就可以巧妙且实用地掌握收纳物品的方法。当然，需要在某种程度上实践断舍离之后才能达到这种效果。

断舍离流派的收纳术当中，最有效的当数"三分法"。简而言之就是把杂乱无章的物品分成三个类别。例如，厨房用品可以分为"烹饪用具""餐具""其他"，衣柜里可以分为"便装""正装""半正装"，或者"暖色系""冷色系""其他（中间色及白色）"，等等。

根据不同的情况和对象来决定三分法,这个思考过程也很有趣,而且有助于训练断舍离的能力。此外,在三分法当中设定一个"其他"类,简直便利之至。犹豫不决时就归入"其他"类,事后再细细考虑即可。

有人曾问我为什么不是两类或四类,偏偏是三类呢?我很难逻辑清晰地给出一个明确的理由,不过根据自己的经验来看,两类一般不太够(有的物品无法归于任何一类),而四类会导致"阶级混乱"(四个类别当中,总有两个可以归为一类)。说到底这只不过是我的个人经验而已,但是至今为止还未曾出现过不符合经验的情况,而且三分法本身非常易于操作,因此推荐给大家。

三分法最大的益处在于实用性。收纳的目的不是简单地将物品塞进空间里,而是为下次使用提供便利。

采用这种方法，需要时立刻便知放在哪里。

如果分成五类、六类、七类，如此多的分类会导致使用时必须回想"当时放在哪一类了呢？"而分成三类的话一下子就能想起来（如果只有两类，原本不同类别的物品混杂在一起，还是很难找到）。

此外，容易拿取就意味着容易收纳，而容易收纳出乎意料地重要。那些家里乱糟糟的人，一般经历了这样一个过程："不知道放在哪里""所以感到收纳很麻烦""暂且放在那边吧，以后再说"。如果能马上收纳起来，家里就不会乱七八糟了。因此，便利的收纳才是整理、整顿的关键。

而且，分类收纳看起来非常漂亮，令人赏心悦目。如果外观美丽，人们会不由自主地想要保持这种美丽。没有人愿意把垃圾扔到光可鉴人的地板上，即使那些平时若无其事在路边扔垃圾的人，也会在一尘不染的地方收敛自己，因为在干干净净的地方扔垃圾反而需要勇气。

　　然而，如果看到脏乱不堪、满是垃圾的地板，人们会产生"再扔点也大差不差"的想法，结果自己也随手乱扔。可见身处赏心悦目、井井有条的空间和一尘不染、光可照人的空间，人的心境也会发生改变。

# "断舍离蕴含曼怛罗的力量"
## ——来自空海生活方式的建言

## 《般若心经》与曼怛罗

真言宗经常持诵《般若心经》，空海也将其视为一本与众不同的经书而倍加重视，甚至专门撰写了解说书（注释书）——《般若心经秘键》。

《般若心经》凝结了"空"等佛教思想的精华，可谓最著名的经典之一。而亲手抄写佛经，即"写经"时，《般若心经》也最受人们青睐。

究其原因，也许因为只有不到 300 个汉字，恰好宜于抄写吧。更重要的是人们在短短的篇幅里能感受到佛家教诲的精髓，这是深受日本人青睐的最大原因。

佛教经典起源于印度，原本用梵文所撰，《般若心经》当然也不例外。后来由中国的高僧翻译成汉语，佛教才得以传遍世界（传到日本也是经由中国）。在经书翻译上，有两位历史人物功不可没。

一位是在4世纪后叶—5世纪初叶做出巨大贡献的鸠摩罗什，还有一位是活跃在7世纪的玄奘，以《西游记》中的三藏法师而广为人知。（《西游记》描写了玄奘法师赴印度取经并带回中国的故事）

鸠摩罗什所译版本被称为"旧译"，玄奘版本被称为"新译"，《般若心经》的两个版本也稍有出入。空海基于其中差异，在《般若心经秘键》中讲解了《般若心经》究竟是一本怎样的经书。据说，日本持诵、誊写所用的《般若心经》是玄奘法师的"新译"版本。

空海之所以如此重视《般若心经》，原因之一在于心经的结尾部分，即"揭谛揭谛，波罗揭谛，波罗僧揭谛，菩提萨婆诃"。其实这一部分并未翻译成中文（准确地说是音译，将其发音替换成汉语中的汉字而已），而此句之前的经文全都采用意译的方式翻译成了汉语。（当时的）中国人应该可以理解《般若心经》（深层思想姑且不谈），唯独"揭谛揭谛，波罗揭谛，波罗僧揭谛，菩提萨婆诃"这一部分，中国人也不明其意，因此直接把梵文音译成了汉字。

"揭谛揭谛，波罗揭谛，波罗僧揭谛，菩提萨婆诃"是曼怛罗（真言），或许有人感觉像是咒语，但实际上空海明确地阐明了真言与咒语的区别，因此将曼怛罗当作咒语是一种错误。这里不再深究两者之间的差异，只讨论一下《般若心经》中的曼怛罗。

真言密教中的真言即曼怛罗，由此可以看出真言密教为何如此重视唱诵"揭谛揭谛，波罗揭谛，波罗僧揭谛，菩提萨婆诃"的《般若心经》。

也许有人会想："难道经书不都是曼怛罗吗？"当然，确实大部分都是如此。但值得注意的是《般若心经》前半部分的意思完全翻译了出来，唯独最后的"揭谛揭谛，波罗揭谛，波罗僧揭谛，菩提萨婆诃"没有翻译，只是沿用了原本的发音。而且有不少人感觉读完这部分之后豁然开朗，只唱诵这一部分就会感到心情舒畅。

把梵文佛经翻译成汉语时，有一个规则叫作"五种不翻"，指的是不翻译曼怛罗、陀罗尼等词的意思，而是直接采用原来的读音。大概玄奘法师也在这些发音中感受到一种强大的力量吧！而且确实存在一种言灵信仰，认为曼怛罗、陀罗尼等词蕴含着不可思议的力量。

或许空海也感受到曼怛罗余音中的力量，才在真言密教中将《般若心经》作为重要的经书极力传授。因此，可以说是曼怛罗成就了《般若心经》，令其时至今日仍然广为传颂。

那么，为何要在关于断舍离的书中谈论《般若心经》呢？这是因为笔者感觉"断舍离"一词的发音所蕴含的力量与"曼怛罗"有着共同之处。正因为"断舍离"的发音具有无穷的力量才得以被口口相传，成为"整理收纳""舍弃无用之物"的代名词并深入人心。如今只要提到这三个字，人们就会联想到整理收纳并涌出实践的欲望，而且能持之以恒地坚持下去。不是"整理"或"收纳"，也不是"整理整顿"，正是"断舍离"这三个字的发音才能令人涌出这股力量。

之所以能将"断舍离"与"空海"、或"断舍离"与"真言"结合起来，正是因为我感觉"断舍离"一词本身就蕴藏着曼怛罗一般强大的力量。

## "断舍离"与"曼荼罗"

提起密教,很多人会联想到颇具代表性的"曼荼罗"——用一幅画展示了密教的世界观和宇宙观,画中主尊坐镇中央,众佛分布四周。曼荼罗种类繁多、设计多样,但佛尊都井然有序地分布各处,形成一种不可思议的几何图案,美得夺人心魄。

第一个把曼荼罗介绍到日本的是空海,它被作为密教理论体系的图解从中国带回,后来随着密教的发展而深入人心。

山下英子女士曾公然声称"讨厌收纳术",同时又说"断舍离中也包含收纳术"。具体做法是先通过断舍离减少物品的总量,然后采用三分法进行收纳。

我曾在电视节目中亲眼观看过这种收纳法，它的美可以比作"物之曼荼罗"。在断舍离当中，生活空间对居住者来说就是一个宇宙，一定会折射出居住者的宇宙观。

按照密教思想解释宇宙的图画是曼荼罗，那么，通过断舍离打造的生活空间可谓"断舍离曼荼罗"，是按照断舍离思想解释宇宙的画卷。

# "学会发现机遇"
## ——来自断舍离的建言

## 断舍离,让感性"天线"更灵敏

断舍离提倡减少住宅等空间里的物品,对不断涌现的物品设置一个总量,在总量较少的状态下实施整理,然后进行清扫、擦拭、刷洗等清洁工作。如果物品堆积如山,就很难进行这一系列的清洁工作。试想,若地板上堆满了东西,根本看不见地板的踪影,那是无法清洁的。而如果上面空无一物,清洁起来自然易如反掌。

依我看，对物品泛滥的空间置之不理是"感性缺失"的表现。因为感知物品泛滥的传感器已经锈迹斑斑，因此对空间里堆满物品的现象变得迟钝不堪。

录制电视节目期间，每当走进各家各户帮忙整理，几乎都能听到这样的声音："真没想到家里竟然有这么多没用的东西！"每次我们把数百公斤的无用之物从家中拖出去处理，请"肇事者"猜测重量时，大多数人的答案都比实际重量少一位数，更有甚者整整少了两位数。这些人感知家中物品泛滥的传感器已经生锈，感觉已经麻木了。

即使那些过去丝毫不在乎物品泛滥的人，当他们通过断舍离减少了物品，重拾清爽的生活空间之后，也不太会增添东西了。因为，如果生活在一个物品极少的空间里，立刻就能察觉到新来的家伙，并且会介意它的存在而想要立刻恢复原貌，于是会付诸断舍离。

之所以从前没有感知到七零八落的物品，只是因为感觉麻木了。传感器只是生锈了而已，并没有损坏。

实践断舍离可以唤醒感性传感器，不仅能察觉到变得窗明几净的空间，还能感知到过去一直忽视的关于自身的种种。

只不过把生活空间整理干净了，为什么会发生这么大的变化呢？这很难从理论上进行说明，但所有实践过断舍离的人都能切身体会到这一点。或许对生活空间的感性复苏之后，"察觉"能力变得更加灵敏了，所以才能发现过去一直忽视的事物。

感性传感器"起死回生"之后，可以发现过去人生中已经错过的小机会。无法发现机会的人，自然无法抓住机会。也许有人认为即使发现了也未必能抓住机会走向成功。但是，与那些连发现都做不到的人相比，抓住机会的概率一定高得多。

综上所述，断舍离可以清除掉感性天线上的斑斑锈迹。

# "空海在自然中找寻乐趣、磨炼感性"
## ——来自空海生活方式的建言

### 感性与大乘

感性、感受性的灵敏度是高是低,往往表现在只能考虑自己还是可以关心他人的差别上。遇事先考虑自己是人类的本性,这绝不是什么坏事。但如果止步于此,那最高只能达到"十住心"的第五个层次。

当然,珍惜自己、祈祷自己的幸福非常重要,但如果没有在此止步,而是意识到身边存在与自己相同的邻人,就可以珍惜他们并祈祷他们的幸福。再进一步，如果能意识到邻人的身边还有其他邻人，还有更遥远的邻人，关心除了自己之外的人，这就意味着已经做好迈向"十住心"第六层次的准备了。

意识到身边存在着与自己本性相同的人，他们同样重要，同样值得自己为其幸福而祈祷，这就是通向下一个境界的关键所在。

你是否听说过"二而不二"一词？

这个词作为佛教用语而广为人知。指的是：虽然自己与他人在这世上是各自独立存在的，但如果站在人类的角度上，考虑到生前世界和死后世界是相通的，那么自己与他人原本并无区别，在本质上是毫无差异的。

为了讲解"二而不二"，举一个我常用的例子。那就是学会跨越时代思考问题的方法。

假设一对夫妻生有2子，每个孩子也各生2子，那就有4个孙子，每个孙子也生2子，就有8个曾孙。假设平均生育年龄在25～35岁之间，那么约1000年后就有30～40代人。假设有40代且每代各生2子，那子孙人数将超过1万亿（$2^{40}$）人。

那么，40代之前的祖先展望现在，则共流逝了1000年的岁月，共繁衍了1万亿子孙后代，我们也是其中之一。如此看来，我们现代人都是亲族同胞。

实际上，若通过人类的遗传基因寻根寻源，最终都会追溯到四位非洲女性那里。我们这一代并非独立存在于现代的，而是存在于在世代交替着这一生物学的连续性当中。此时此地，我们共享着同一时间与空间，若能体会到这美妙的缘分，是否感觉身边的邻人也亲切无比呢？

"二而不二"为我们指明了这样一种智慧，即在与周围人的关系中找到自己的存在。人类相互之间并非竞争对抗的关系，而是通过合作互助、和谐相处，创造更美好的现在与未来。我们真切地感受着从遥远祖先那里继承的血脉，并为给下一代保留更好的环境而不懈地努力，这就是人生的根本目的。想到这里，心情不可思议地舒畅起来。

归根结底，能否意识到这些完全取决于感性，需要敏锐的感受性。借山下英子女士之言，若感性的天线锈迹斑驳，则无法察觉到这一切。

要想到达十住心的第六层次，即大乘境界，必须清除感性传感器上的锈迹。山下英子女士曾说："通过实施'断舍离'，感性天线上的斑斑锈迹将消失殆尽。"

## 凝视自然的双眸与感性

所谓感性或感受性，指的是能够察觉到细微变化的能力。这是可以通过努力提醒自己去感受而磨炼出来的，因此要有意识地去察觉微乎其微的变化。比如，在1月上旬的寒冬时节，路边的行道树光秃秃的，满目荒凉的景象。别说生命的气息了，仿佛万物都已经枯萎凋零。

我公司的办公室位于东京筑地附近，那里生长着许多樱花树。到了1月，彻底变成枯枝败叶。某日，我驻足树下仔细地观察了一番，居然发现一株非常细小的新芽（即将变成新芽的芽苞）。就是这样一个微不足道的小芽，将在春天绽放花朵，然后披上绿装。

即使在严寒的1月里，萧索的樱花树看上去宛如一棵枯木，但只要仔细观察就会发现它坚韧不拔的姿态，在寒风中努力迎接春天的到来。大部分人看到枯萎的行道树会想:"好冷啊,看来春天还早着呢!"甚至有人连这种感觉都没有,只是漠不关心地路过那些已经映入眼帘的树木。然而,只要驻足仔细观察或拥有驻足观察的意识,那么,即使在寒冷的严冬也能感受到大自然正一步步走向春天。

这虽然需要一点感性、感受性,但任何人都是可以做到的。只需把目光投向大自然,拥有欣赏大自然的意识,无论是谁都能感受得到。之所以有人做不到,是因为对感性传感器弃之不用,导致它生锈了,只要清除掉上面的锈迹,传感器便立刻"起死回生"。

## 空海的感性

空海喜欢去山中修行,在寂寥无人的山间坚持修炼。著作《性灵集》第一卷中有一节以《山中有何乐》

为题，写道："山鸟来时，奏歌一曲。山猿轻跳，技艺绝伦。晓月朝风，洗尽情尘。"

空海在山中废寝忘食地打坐修行，甚至忘记了岁月的流转。他曾问自己："到底有何乐趣让我如此持之以恒呢？"当然，修行是为了开悟，在此过程中可以体会到不断接近开悟的喜悦。但不仅如此，空海还把目光投向了大自然，在这里找到了乐趣。

鸟儿时常飞来为自己歌唱，猿猴在眼前轻快地跳跃，为自己展示妙趣横生的技艺。实际上，鸟儿并非为空海所唱，猿猴的动作也不是为空海所做。但空海拥有了这样的感性，听到鸟儿的歌声和看到猿猴的动作，可以发出"欢乐无比"的感叹。如此一来，山中的修行也变得欢乐，可以全身心投入，甚至忘记了岁月的流逝。

通过凝视大自然，打磨感性的传感器，空海得以在通往开悟的道路上前行。

# "改变思考维度的重要性"
## ——来自断舍离的建言

### 何谓俯瞰力

断舍离非常重视"俯瞰力",甚至我曾专门写过一本以此为题的书(《俯瞰力》,MAGAZINE HOUSE 发行)。因为没有这种能力则无法实施断舍离,同时,通过坚持断舍离也可以提高俯瞰力。

俯瞰力之"俯瞰",意为从上方立体地观看整个事物。如同鸟儿在高空用一个宽广的视野观看大地,因此接近"鸟瞰"一词。另外还与"客观"的概念类似,但两者稍有不同。

"客观"是"主观"的反义词,指的是不用自己的双目观看,而是跳脱出来借用他人的视角,或在另外的地点支一台照相机,借用照相机的角度来观察事物。而"俯瞰"是指从上方观看整个事物,这里面包含了他人的视角以及位置不同的照相机的角度。

"客观"一词当中没有"高度变化"的概念,但"俯瞰"提升了高度,是一种改变"维度"的观察方式。

## 对酒的讲究与酒腻子

"改变维度"的思考方式至关重要,因为这有助于获得"改变抽象度"的观察方式。

这里出现一个晦涩难懂的概念,"抽象度"是什么意思呢？举一个例子吧，这样比较容易理解。

某酒席上，爱喝啤酒的 A 先生、爱喝清酒的 B 先生和爱喝烧酒的 C 先生饮着各自钟爱的美酒，觥筹交错。A 先生边喝边称赞啤酒的美味，B 先生开始介绍清酒的口感，C 先生开始描述烧酒的醇香。就在三人各自谈论着自己倾心的美酒时，慢慢变成吹捧自己所爱之酒比其他的更好，进一步演变成其他酒都不如自己的。最后开始攻击对方的嗜好，不一会儿就发展成人身攻击了，再争执下去就是一场唇枪舌剑。

"啤酒""清酒"和"烧酒"是不同的酒类，在这一维度争论"哪一种最好喝"只会带来意见不合。但如果俯瞰这三种酒类，就可以发现"无论哪一种都是酒（酒精）"。无论是啤酒派 A 先生、清酒派 B 先生还是烧酒派 C 先生，大家都是好酒贪杯的"酒腻子"。

"不管怎么说，咱们都是嗜酒如命的酒腻子啊！"

通过俯瞰获得这样一个角度，就可以避免争执，优哉游哉地喝个痛快了。

相比"啤酒""清酒"和"烧酒","酒（酒精）"的抽象度高出一级。换言之,"酒（酒精）"涵盖了"啤酒""清酒"和"烧酒",涵盖者的抽象度高于被涵盖者。

站在更高的抽象度俯瞰下方,低维度的对话将变得毫无意义。与其为"啤酒""清酒"和"烧酒"之间微不足道的差异争论不休,还不如和志同道合的"酒腻子"们和和睦睦地开怀畅饮呢!


**通过断舍离锻炼俯瞰力**

那断舍离与俯瞰力究竟有何关系呢?

简而言之,没有俯瞰力就很难进行断舍离,而通过反复实施断舍离,自然而然就能拥有俯瞰力。是不是有点不明所以？下面降低抽象度具体说明一下。

在断舍离的实践中，面对物品时需要主动地问自己："这对'现在'的'我'来说，是'必要、适宜、舒适'的吗？"也许过去曾是"必要、适宜、舒适"的，但对现在的我来说是怎样的呢？对这个问题的思考，本身就增加了时间轴这一维度，因此抽象度已经提升了。进一步，我们思考的是对自己而言是否"必要、适宜、舒适"，而非他人。因此，思考中包含一个可称为"人轴"的维度。由此可见，通过断舍离增加了过去不曾有过的思考轴，因此思考的抽象度得到了提升。

由以上可知，如果不提高思考的抽象度则无法进行断舍离（无法做到舍弃），而通过断舍离不断地重复这种思考方式，就可以锻炼抽象思考的能力，自然而然地做到断舍离。

读到这里,你是否明白了断舍离与俯瞰力的关系呢?断舍离是整理,而不只是整理。你是否逐渐理解了它的含义呢?

# "俯瞰全局，可消除不安与烦恼"

——来自空海生活方式的建言

## 空海与俯瞰力

要像鸟儿俯视大地一般，从一个较高的视角俯瞰全局。空海曾在多处提到这句话，而且密教、佛教甚至所有宗教都是通过俯瞰人生和死亡来消除不安、烦恼、苦楚、疼痛和悲伤等消极情绪的。

例如，前文提到"身（行动）口（语言）意（内心）"，密教认为人是由这三业（三密）构成的。

也许有人会提出质疑："只有三个吗？"但密

教认为，若俯瞰整体，一切都可以汇集在这三业当中。

当初空海之所以与最澄分道扬镳，原因之一是空海拒绝了最澄借阅《理趣释经》的请求，他在拒绝信中写道："而所谓《理趣释经》，汝之三密即为释经。汝身等不可得，吾身等亦不可得，孰求孰可与乎？"意思是："《理趣释经》如同你的三密（身口意），你的三密既不可得（空），我的三密也是空，有谁会借空，而又有谁能将空借予他人呢？"

最澄说"想借《理趣释经》"，空海答"那是你的身口意，而身口意即是空，所以无法借予"。

这种说法抽象度极高，十分难以理解，只有俯瞰全局才能说出。

山下英子女士在前文中提到，面对物品时若站在"必要性、适宜性、舒适性"三个角度上，以时间和人为轴心进行思考，就可以提高思考的抽象度。我认为这与密教凝结于三业之中的思想相通，可谓"断舍离之三业"。

# "自问自答有助于舍弃物品"

## ——来自断舍离的建言

### 人际关系的断舍离

断舍离的起点是对物品的取舍选择,然后逐渐深入到人际关系、自身的执着等束缚我们的观念上。

几乎所有人都是因为"物品太多、无法整理"而走进断舍离的,随着不断自问:"为什么会积攒物品?为什么无法扔掉它们?"人们会察觉到那些束缚着我们的观念,当摒弃掉这些观念时,就可以做到舍弃物品了。

有一位正在学习断舍离的学员（暂且称她为 A 女士），她有一个"家里蹲"的弟弟，从未出去工作过。A 女士已经年过六旬，弟弟至少 50 多岁了。多年来一直是 A 女士照顾弟弟，当然是在"经济方面"。弟弟完全不工作，从小依靠 A 女士的收入过活，而 A 女士因为心疼弟弟，几十年如一日地负担他的生活费。即使结婚之后，由于丈夫是位通情达理之人，A 女士仍在经济上支援弟弟。

然而，A 女士的丈夫退休后，夫妻二人的收入大幅下降。靠着微薄的退休金，二人勉强可以维持生计，但弟弟的生活费成了千斤重担。A 女士因此愁眉不展，若不再管弟弟，那他可能会流落街头。若继续维持现状，那自己的生活也会苦不堪言。于是，她跑来向我诉说衷肠。

我的建言是：

"你的人生是你的，弟弟的人生是他的。你没有义务背负弟弟的人生。

"同时你也有选择背负的自由。但是,必须做好心理准备,准备好接受弟弟的一切。你做好连累自己的丈夫,一同与弟弟流落街头的准备了吗?"

A女士思考了数日,估计还与丈夫促膝长谈了一番。一段时间后跑来告诉我她的决定。

"我和弟弟断绝关系了。"

这一定是经过深思熟虑做出的决定吧。A女士说:"我终于明白了,我的人生是我的,弟弟的人生是他的。"

不知断绝关系之后弟弟现在怎样,若真的发生什么事应该会主动联系姐姐的。既然没有联系,现在大概在找工作吧。如果他能自食其力,无论对自己还是A女士夫妻都是一件好事。

我相信正是因为A女士把"作为姐姐必须照顾弟弟"的想法断舍离了,才使得彼此都过上了更美好的人生。

# "空海的断舍离——与最澄断交"
## ——来自空海生活方式的建言

## 空海曾否断舍离

本书的主题是空海与断舍离,那么,空海可曾实践过断舍离呢?身为一位僧侣,原本就只拥有最小限度的必需品,仅靠喜舍、布施等他人的捐赠以及朝廷的援助维持生活。

不仅是空海,所有的僧侣都是如此,即便在现代也是大同小异。现实中因为布教需要资金,还要照顾众弟子的生活,因此有人兼职其他工作,这也是很正常的。

原本只有最小限度的必需品，在这种状态下根本不需要断舍离吧？也许断舍离只是大量生产、大量消费的现代社会独有的概念。

但是，正如山下英子女士所说，断舍离不只是舍弃物品，还可以借助断舍离对人际关系进行取舍选择。读到这里大概不少人会感到惊讶。

不要管过去怎样，应把判断标准定为对"现在"的"我"来说是否必要、适宜且舒适？山下英子女士在上文中介绍了A女士的例子，由此可知，如果对现在的我而言是不必要、不适宜、不舒适的关系，即便是家人也可以断舍离。

再看空海，他曾多次做出把人际关系断舍离的决定。正如《空海的一生》章节中所述，原本空海可以当上高官，背负整个家族的重任。可是，他认识到

"人生不是家人和同族的，而是自己的"，于是把家人、同族的人际关系断舍离掉，从此遁入佛门。

除此之外，空海还断舍离了与最澄的关系。如今空海与最澄被称为日本密教的两大始祖，最澄年长于空海，僧阶亦处于上位，因此空海在与他交往时一直毕恭毕敬。

然而，当最澄提出借阅《理趣释经》时，空海却寄来了拒绝信，信中写道"究竟是何种理趣呢？""理趣是无法从书中学习的"，这就意味着他主动断绝了与最澄的关系。

空海当然深知这一点，即便如此也毅然决然地断绝了关系。这一定是因为他判断对"现在"的"自己"来说，最澄不再"必要、适宜、舒适"了。

以上可知，空海也曾实施过人际关系的断舍离。

卷末寄语

## 时间创造者

山下英子女士认为，断舍离的高手是空间创造者。大概是因为他们可以牢牢地掌控自己的房间吧。

我在时间轴的管理中导入了断舍离的思路。无论古今未来，每个人一天都只有 24 个小时，众生平等。在这 24 个小时内，若产生尝试新事物的念头，比如考取资格证书、学习新技艺或是学习英语，那要怎么办呢？

归根结底只有两个选择，一个是压缩此前某事物的时间，另一个是干脆终止某事物。然而，若是自己长期坚持做的事，则很难再进一步缩减时间了。如此一来，只剩下放弃某事物这一个选择了。换言之，通过把日常生活中的某个习惯断舍离，就可以为一件新事物挤出时间。这就是时间的创造者。

不可思议的是，即使是那些长期坚持的习惯，只需要停下两周时间就可以自然而然地舍弃。相反，开始一项新事物之后，会逐渐养成习惯固定下来。这样就可以做到以时间轴为中心进行断舍离了。

尝试一项新事物的门槛很高，需要足够的动力，必须是那些发自内心想做或不得不做、必须做的事。但是，通过把某件旧事物断舍离即可降低门槛。我就是通过这种方式学习了研究生课程、资格考试和英语课程。

最近，我利用过去看晨间新闻的时间一边听英语一边做柔韧性运动和腹肌训练来锻炼身体。之所以可以把晨间新闻断舍离掉，是因为我现在利用碎片时间在 iPhone 上看新闻。若发生重要的事件，多家媒体都会大肆报道，因此我并没有因为放弃看晨间新闻而感到任何不便。另一方面，此前我一直提不起兴趣锻炼身体，如今因为挤出了早晨的时间才终于养成习惯。

要开始一项新行动，与其要求自己有持之以恒的毅力，不如实际创造一个可行的环境。这样可以降低门槛，原本很难做到的事情也会有一个良好的开端。在最初两周时间里，停止另外一项行动，把时间用于想做的新行动当中，这就是"时间创造者"的第一阶段。

谢词

在撰写本书中关于空海的内容时，高野山清凉院住持静慈圆导师及高野山大学前校长藤田光宽先生给予了我悉心的指导，在此由衷表示感谢！

永田良一

# 空海著作一览

## 《秘藏宝钥》

《十住心论》的摘要，与《十住心论》一同问世，全书共3卷。空海晚年所著，与《十住心论》并称为空海的代表作。

## 《性灵集》

正式名称为《遍照发挥性灵集》。收录了空海所作诗歌、表章、祈祷文等，由弟子真清整理，全书共10卷。编纂不久后，第8～10卷佚失，其后用空海遗文汇集而成的《续遍照发挥性灵集补阙钞》补充。可通过本著领略空海的根本精神。

## 《十住心论》

正式名称为《秘密曼荼罗十住心论》。解释了真言密教的体系，是空海受天皇敕命汇总而成。全书共10卷，将人心分为第一住心（本能阶段）到第十住心（大彻大悟）十个层次。将儒教、老庄思想、小乘佛教、大乘佛教等当时的代表思想安插在各个层次中，系统地呈现了人心境界。到达第十住心时，心会与大日如来融为一体，到达真理之巅，这就是真言密教的境界。

## 《教王经开题》

《教王经》的注释书。《教王经》作为真言宗的根本经典《金刚顶经》的开篇而颇受重视。

## 《秘藏记》

空海师父惠果和尚的语录,由空海记录。

## 《三教指归》

空海著于24岁,所谓出家宣言书。采用了戏剧结构,剧中人对儒教、佛教和道教进行比较、讨论,证明佛教最为出色。

## 《即身成佛义》

空海思想核心——即身成佛思想的启蒙读物,从原理、实践、心理层面阐述了即身成佛的可能性。

## 《般若心经秘键》

《般若心经》的注释书。批判了《般若心经》是600卷《大般若经》的摘要这一前人的观点。判断《般若心经》开示了密教思想,是阐述大般若菩萨[①]慈悲为怀的密教经典。

## 《一切经开题》

《一切经》的注释书。《一切经》是佛经的统称,

---

[①] 大般若菩萨,是《大般若经》的本尊,又叫般若菩萨,般若波罗蜜菩萨,是智慧之佛。

也称《大藏经》。

## 《理趣经开题》

《理趣经》的注释书。《理趣经》是密教根本经典《金刚顶经》系列中阐述读诵功德的经典,是真言宗对本尊诵经、佛事、法会时持诵的常用经典。

## 《御请来目录》

空海作为遣唐使赴唐,回国后向朝廷提交的目录。除了数册经典(含新译经论等216部461卷)之外,还有曼荼罗、密教法具、惠果阿阇梨传授之物等,内容极为丰富。

## 《高野杂笔集》

空海的书信文集。在对空海事迹及思想的研究中,与《性灵集》同样备受重视。共2卷,部分内容与《性灵集》重复。

## 《惠果和尚之碑》

对密教恩师惠果和尚的追悼文,作于留学之地大唐。关于追寻密教而远赴大唐的求道旅途,空海以"虚往实归"表达了与师尊结缘的感恩之情。

© 民主与建设出版社，2019

**图书在版编目（CIP）数据**

空海与断舍离 /（日）山下英子，（日）永田良一著；曲冰译. -- 北京：民主与建设出版社，2019.9（2020.7 重印）
ISBN 978-7-5139-2592-1

Ⅰ.①空… Ⅱ.①山… ②永… ③曲… Ⅲ.①心理学—通俗读物 Ⅳ.① B84-49

中国版本图书馆 CIP 数据核字（2019）第 166039 号

KOKORUWOARAU DANSHARITOKUUKAI by Hideko Yamashita and Ryoichi Nagata
Copyright © 2018 by Hideko Yamashita and Ryoichi Nagata
All rights reserved.
Original Japanese edition published by Kazahinobunko, Inc.
Simplified Chinese edition is published by arrangement with Hideko Yamashita and Ryoichi Nagata through Hana Alliance Consulting Co. Ltd.,

著作权合同登记号：图字 01-2019-5111

### 空海与断舍离
**KONGHAI YU DUAN SHE LI**

| | |
|---|---|
| 著　者 | [日] 山下英子　[日] 永田良一 |
| 译　者 | 曲　冰 |
| 责任编辑 | 程　旭 |
| 监　制 | 蔡明菲　邢越超 |
| 策划编辑 | 李齐章　蔡文婷 |
| 特约编辑 | 李美怡 |
| 营销支持 | 霍　静　文刀刀　傅婷婷　周　茜 |
| 版权支持 | 辛　艳　金　哲 |
| 版式设计 | 李　洁 |
| 封面设计 | 主语设计 |
| 内文排版 | 百朗文化 |
| 出　版 | 民主与建设出版社有限责任公司 |
| 电　话 | （010）59419778　59417747 |
| 社　址 | 北京市海淀区西三环中路 10 号望海楼 E 座 7 层 |
| 邮　编 | 100142 |
| 印　刷 | 三河市中晟雅豪印务有限公司 |
| 开　本 | 775mm×1120mm　1/32 |
| 印　张 | 7.75 |
| 字　数 | 88 千字 |
| 版　次 | 2019 年 9 月第 1 版 |
| 印　次 | 2020 年 7 月第 2 次印刷 |
| 标准书号 | ISBN 978-7-5139-2592-1 |
| 定　价 | 45.00 元 |

注：如有印、装质量问题，请与出版社联系。